U0961671

2022

中国光伏发电行业发展报告

China Solar PV Generation Industry Development Report 2022

水电水利规划设计总院　主编

中国经济出版社
CHINA ECONOMIC PUBLISHING HOUSE

图书在版编目（CIP）数据

2022中国光伏发电行业发展报告 / 水电水利规划设计总院主编. -- 北京：中国经济出版社，2023.7

ISBN 978-7-5136-7396-9

Ⅰ. ①2… Ⅱ. ①水… Ⅲ. ①太阳能发电-电力工业-工业发展-研究报告-中国-2022 Ⅳ. ①F426.61

中国国家版本馆CIP数据核字（2023）第134743号

审图号：GS京（2023）1472号

策划编辑 姜 静
责任编辑 郑 潇
责任印制 马小宾

出版发行 中国经济出版社
印 刷 者 北京富泰印刷有限责任公司
经 销 者 各地新华书店
开 本 889mm×1194mm 1/16
印 张 5
字 数 120千字
版 次 2023年7月第1版
印 次 2023年7月第1次
定 价 198.00元
广告经营许可证 京西工商广字第8179号

中国经济出版社 **网址** www.economyph.com **社址** 北京市东城区安定门外大街58号 **邮编** 100011
本版图书如存在印装质量问题，请与本社销售中心联系调换（联系电话：010-57512564）

前言
Foreword

2022 年，习近平总书记在中国共产党第二十次全国代表大会上提出“积极稳妥推进碳达峰碳中和，立足我国能源资源禀赋，坚持先立后破，有计划分步骤实施碳达峰行动，深入推进能源革命，加强煤炭清洁高效利用，加快规划建设新型能源体系，积极参与应对气候变化全球治理”。新型能源体系的核心内涵是“清洁低碳、安全高效”，其根本动力是可再生能源高质量开发利用。近年来，在各项政策不断优化激励下，我国光伏发电行业不断实现新突破，整体呈现发展速度快、运行质量好、利用水平高、产业竞争力强的良好态势。

在政策环境方面，2022 年，国务院办公厅印发《关于促进新时代新能源高质量发展实施方案的通知》（国办函〔2022〕39 号），国家发展改革委、国家能源局印发《关于完善能源绿色低碳转型体制机制和政策措施的意见》等一系列纲领性文件，在锚定碳达峰碳中和目标任务基础上，加强顶层设计，做好政策供给，优化产业发展环境，切实增强市场主体信心，助力营造光伏发电行业和谐共生、产业共赢的新发展格局。

在开发建设方面，2022 年，中国光伏发电新增装机容量 8741 万千瓦、累计装机容量 3.92 亿千瓦，分别连续 10 年、8 年居全球首位。从项目类型看，集中式电站新增装机容量 3629 万千瓦；分布式光伏新增装机容量 5111 万千瓦，占光伏新增装机容量的 58%，连续两年超过集中式光伏电站，渗透率不断提升。

在产业发展方面，2022 年，中国光伏发电产业制造端规模持续扩大。中国光伏龙头企业凭借着晶硅技术及成本控制方面的优势，先进产能持续释放，多晶硅、硅片、电池片、组件产量分别达到 85.7 万吨、371.3 吉瓦、330.6 吉瓦、294.7 吉瓦，同比增长均在 60% 以上。

《2022 中国光伏发电行业发展报告》是我国光伏发电行业发展的综合性研究报告，由国家能源局指导，水电水利规划设计总院牵头，中国光伏行业协会、国家电力投资集团等单位共同编写。报告立足中国光伏发电行业宏观环境及政策体系，对行业发展现状进行系统梳理分析和综合归纳总结，汇聚了我国规划设计、政策研究、产业发展、投资开发等领域权威机构的最新研究成果。内容尚有不完善之处，恳请读者批评指正。

《2022 中国光伏发电行业发展报告》编写组

2023 年 6 月

目录
Content

1 概述 1

1.1 政策概况 2
1.2 发展概况 4

2 政策法规篇 9

2.1 战略规划 10
2.2 建设管理 11
2.3 消纳保障 12
2.4 电价政策 16
2.5 行业监测 17
2.6 市场交易 17
2.7 金融支持 18
2.8 产业制造 20
2.9 科技研发 20

3　开发应用篇　23
3.1　太阳能资源　24
3.2　前期管理　25
3.3　建设运行　26
3.4　区域发展　32
3.5　分布式光伏　42
3.6　市场交易　47
3.7　投资成本　49

4　产业发展篇　51
4.1　产业规模　52
4.2　进出口情况　52
4.3　技术创新　54
4.4　产品价格　55

5　国际合作篇　57
5.1　全球光伏概述　58
5.2　装备制造合作　59
5.3　国际标准参编　59

6　形势与展望篇　61
6.1　面临形势　62
6.2　发展趋势与市场展望　63

7　附录　65
附录1　2022年光伏发电主要政策汇总　66
附录2　光伏十年回顾　68

1 概述
Overview

2022 年是党的二十大胜利召开之年，党的二十大报告中提出，积极稳妥推进碳达峰碳中和，为我国能源发展指明了前进方向，提供了根本遵循。2022 年，全国光伏发电行业锚定碳达峰碳中和目标，行业政策体系不断优化，建设运营成效突出，产业创新加速升级，投资成本不断下降，总体发展趋势持续向好，呈现高质量、大规模、高比例、市场化发展新特征。

1.1 政策概况

1 加强光伏发电行业顶层设计

2022 年 1 月，国家发展改革委、国家能源局印发《关于完善能源绿色低碳转型体制机制和政策措施的意见》（发改能源〔2022〕206 号），明确“十四五”时期，基本建立推进能源绿色低碳发展的制度框架，构建以能耗“双控”和非化石能源目标制度为引领的能源绿色低碳转型推进机制，完善引导绿色能源消费的制度和政策体系，建立健全绿色能源消费促进机制，建立绿色低碳为导向的能源开发利用新机制，加快推进风光大基地建设，加快发展分布式光伏，实现绿色能源“从远方来”与“从身边来”协同发展。

2022 年 5 月，国务院办公厅转发国家发展改革委、国家能源局《关于促进新时代新能源高质量发展实施方案的通知》（国办函〔2022〕39 号），提出加快推进以沙漠、戈壁、荒漠地区为重点的大型风电光伏基地建设等创新新能源开发利用模式，编制实施智能光伏产业发展行动计划等措施支持引导产业健康有序发展，以充分利用沙漠、戈壁、荒漠等未利用地布局建设大型风光电基地等方式保障新能源发展合理空间需求等七个方面政策措施，保障光伏发电等新能源逐步发挥在能源保供、增供方面的作用。

2021 年 10 月，国家发展改革委、国家能源局等九部门联合印发《关于印发“十四五”可再生能源发展规划的通知》（发改能源〔2021〕1445 号），设定了“十四五”期间光伏发电等可再生能源行业近中远期的战略目标和机制路线，按照以区域布局优化发展、以重大基地支撑发展、以示范工程引领发展、以行动计划落实发展的思路，推动光伏发电行业大规模、高比例、高质量、市场化发展。

2 规范光伏发电项目开发建设管理

2022 年 8 月，国家能源局印发《光伏电站开发建设管理办法》(国能发新能规〔2022〕104 号)，明确集中式光伏电站行业管理、年度开发建设方案、项目建设管理、电网接入管理、运行监测等开发建设管理要求。同时，为加强行业精细化管理和服务，国家能源局印发《关于组织开展可再生能源发电项目建档立卡有关工作的通知》，开展光伏发电项目建档立卡，国家可再生能源信息管理中心负责建档立卡系统的建设运行、技术支持和动态维护，对全国可再生能源发电项目信息进行统一归集、统一管理。

3 持续优化光伏发电建设布局

2022 年，光伏发电建设延续 2021 年政策思路，国家按照目标导向和责任共担原则，根据“十四五”规划目标，测算下达 2022 年各省（区、市）年度可再生能源电力消纳责任权重；各地结合消纳责任权重和新能源合理利用率目标，确定本省（区、市）年度新增风光电项目建设规模与储备，制定年度开发方案。其中，各省（区、市）按照非水电最低消纳责任权重合理安排本省（区、市）光伏发电保障性并网规模；市场化并网规模通过自建、合建共享或购买服务等市场化方式落实并网条件，由省（区、市）通过组织开展竞争性配置方式纳入。

4 推进光伏发电产业上下游协同创新

2022 年 8 月，工业和信息化部、市场监管总局、国家能源局印发《关于做好光伏产业链供应链协同发展工作的通知》(工信厅联电子函〔2022〕205 号)，对光伏发电在制造业提出了包括立足长远目标、优化产业布局，鼓励创新进步、规范行业秩序，加强系统对接、深化全链合作等五个方面的发展要求，旨在深化行业管理，引导产业链供应链协同创新。同年 9 月，国家发展改革委、国家能源局印发《关于促进光伏产业链健康发展有关事项的通知》(发改办运行〔2022〕788 号)，明确多措并举保障多晶硅合理产量、创造条件支持多晶硅先进产能按期达产、鼓励多晶硅企业合理控制产品价格水平等八个方面的具体要求，保障和促进光伏产业链供应链安全稳定。

1.2 发展概况

1 大规模

（1）装机规模创历史新高

2022 年，全国光伏发电新增装机容量 8741 万千瓦，同比增长 59.3%，连续 10 年居全球首位；累计装机容量达到 3.92 亿千瓦，同比增长 28.7%，连续 8 年居全球首位。

从装机类型看，分布式光伏占比超集中式电站。2022 年，全国分布式光伏新增装机容量 5111 万千瓦，同比增长 74.6%，占全国光伏发电装机比重 58% 以上，连续两年超过集中式光伏装机规模。

从区域分布看，中东南部光伏发电年新增装机容量占比有所提升，但累计装机布局仍集中在华北、西北、华东，其中山东、河北、浙江累计装机容量居全国前三，规模均超过 2500 万千瓦。

（2）发电装机渗透率持续提升

从国际看，中国是全球光伏新增装机容量最大贡献者。2022 年，全球光伏发电新增装机容量 19145 万千瓦，中国占比约 46%，居首位。从国内看，光伏发电是全国可再生能源新增装机容量最大贡献者。2022 年，全国可再生能源新增装机容量 15225 万千瓦，其中光伏发电装机居首位，占比达到 57%，同比提升 16 个百分点。

（3）制造规模领跑全球

2022 年，全国光伏发电制造端四个主要环节产量同比增长均在 60% 以上。多晶硅、硅片、电池片及组件产量分别达到 85.7 万吨、371.3 吉瓦、330.6 吉瓦、294.7 吉瓦，分别同比增长 69.4%、63.9%、67.1%、62.1%。其中，组件和多晶硅产量分别连续 16 年、12 年居全球首位。

2 高比例

（1）发电量占比稳步增长

从新增发电量看，光伏发电新增发电量 992 亿千瓦时，约占新增发电总量的 33.3%，占可再生能源新增发电量的 41.2%，同比分别提升 24.6 个百分点、16.8 个百分点。从总发电量看，2022 年，全国光伏发电量 4251 亿千瓦时，约占总发电量的 4.9%，同比提升 1 个百分点，约占全国可再生能源发电量的 15.6%，同比提升 2.5 个百分点。

（2）高水平消纳持续保持

2022 年，受益于全社会用电量快速增长以及电力系统灵活性调节能力不断提升，全国平均光伏发电利用率达到 98.3%，同比上升 0.3 个百分点，连续 4 年保持 98% 以上。光伏发电年平均利用小时数达到 1202 小时，同比增加 39 小时，黑龙江、宁夏、内蒙古居全国前三，均在 1500 小时以上。

3 高质量

（1）技术水平不断提升

2022 年，中国 14 次刷新晶硅电池实验室效率并取得了 26.81% 的全球硅基太阳能电池效率的最高纪录；规模化生产的 p 型 PERC 电池平均转换效率达到 23.2%，同比提高 0.1 个百分点，此外，TOPCon、HJT、钙钛矿电池等技术在产业化领域不断取得突破。

（2）单位投资成本略有降低

2022 年，虽然受产业链价格波动影响，组件成本同比略有上升，但是随着产业技术不断进步，单位投资成本略有降低。其中，集中式光伏电站单位千瓦造价约 4130 元，同比下降 0.5%；分布式光伏单位千瓦造价约 3740 元，同比基本持平。

（3）资源集约化利用率不断上升

受益于大尺寸、高功率组件产品应用，光伏发电项目的资源集约化利用率不断上升。以 2019—2022 年户用光伏项目情况为例，从单套平均装机规模变化情况来看，2022 年全国户用光伏新增装机的单户规模平均约 24.87 千瓦，相较于 2019 年增长了 65%。

（4）应用新模式不断涌现

2022 年，光伏发电实现多场景融合开发，农光互补、渔光互补、林光互补、牧光互补、盐光互补等“光伏 +”电站复合开发项目持续推进，光伏发电在交通、通信、建筑等领域应用的新模式不断涌现。与此同时，智能微网、多能互补、储能、隔墙售电等市场机制和技术进步推动分布式光伏在工业和建筑领域广泛应用。

4 市场化

（1）新建光伏发电项目全面实行平价上网

2022 年 4 月，国家发展改革委印发《关于 2022 年新建风电、光伏发电项目延续平价上网政策的函》，明确对 2022 年新核准陆上风电项目、新备案集中式光伏电站和工商业分布式光伏项目，延续平价上网政策，上网电价按当地燃煤发电基准价执行。此外，新建户用光伏自 2022 年起全面实行无补贴平价上网。

（2）光伏发电参与电力市场化交易占比逐年提升

近年来，光伏发电等新能源参与电力市场化交易占比逐年提升。2020 年我国约有 25% 的新能源电量参与电力市场化交易，至 2022 年新能源参与市场化交易电量占比已提升至 34%。

（3）绿证交易量同比上升

2022 年，国家可再生能源信息管理中心全年核发绿证 2060 万个，对应电量 206 亿千瓦时，同比增长 135%；交易数量达到 969 万个，对应电量 96.9 亿千瓦时，同比增长 15.8 倍，其中，通过绿证自愿认购市场开展的绿证交易数量 385 万个、通过绿电交易开展的绿证交易数量 584 万个。

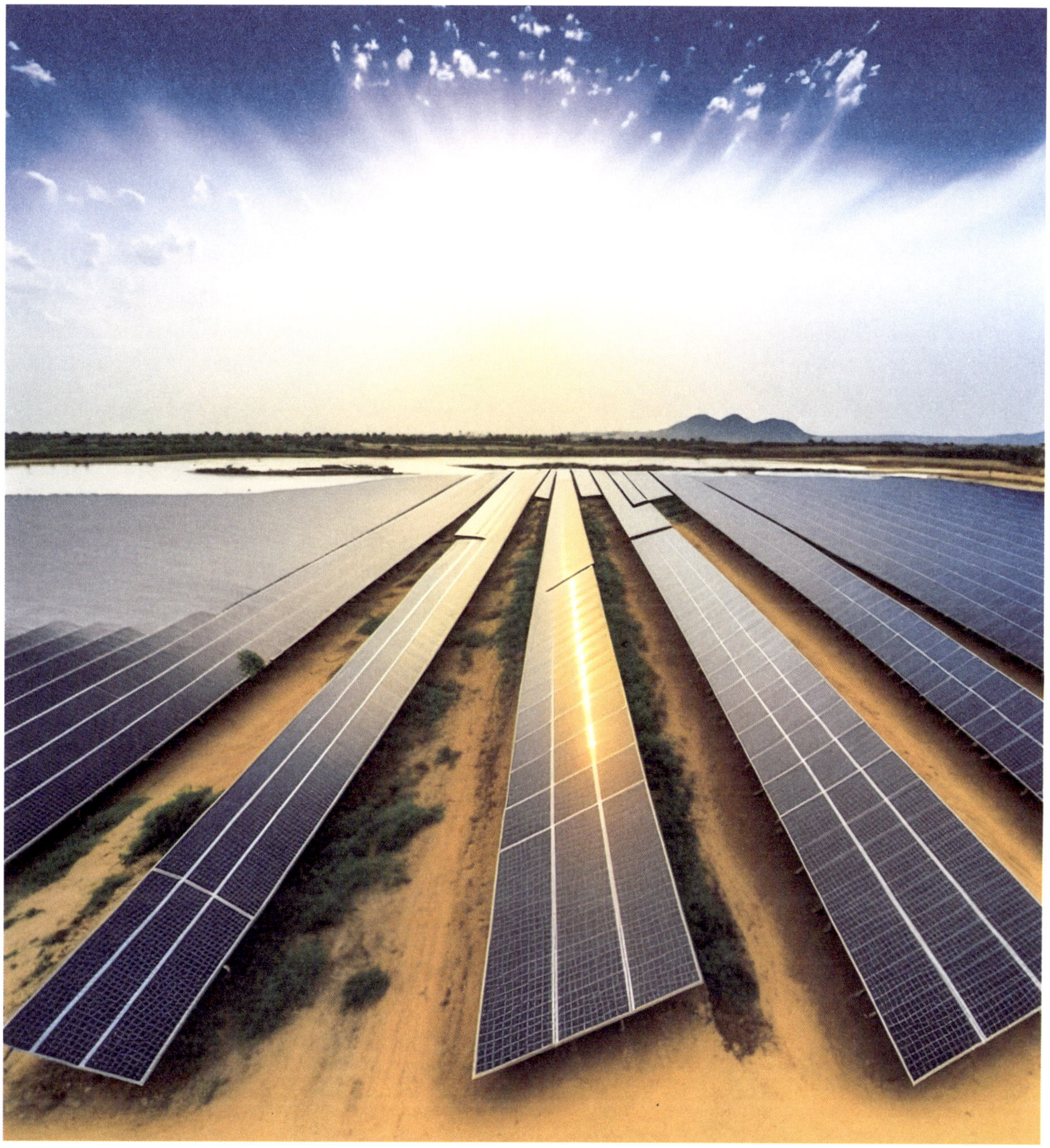

2　政策法规篇
Policies and Regulations

2.1 战略规划

党的二十大报告明确指出，实现碳达峰碳中和是一场广泛而深刻的经济社会系统性变革，要求立足我国能源资源禀赋，坚持先立后破，有计划有步骤实施碳达峰行动。2022 年，国务院及能源主管部门锚定碳达峰碳中和目标，加强顶层设计，设定了光伏发电行业近中远期的战略目标和机制路线。

1 先立后破，促进新时代新能源高质量发展

2022 年 5 月，国务院办公厅转发国家发展改革委、国家能源局《关于促进新时代新能源高质量发展实施方案的通知》（国办函〔2022〕39 号），提出加快推进以沙漠、戈壁、荒漠地区为重点的大型风电光伏基地建设等创新新能源开发利用模式，编制实施智能光伏产业发展行动计划等支持引导产业健康发展措施，通过在符合国土空间规划和用途管制要求基础上充分利用沙漠、戈壁、荒漠等未利用地布局建设大型风光电基地等途径保障合理空间需求，支持在石漠化、荒漠化土地以及采煤沉陷区等矿区开展具有生态环境保护和修复效益的新能源项目来充分发挥生态环境保护效益等七个方面政策措施，重点解决光伏发电等新能源“立”的问题，更好发挥新能源在能源保供增供方面的作用，为我国如期实现碳达峰、碳中和奠定坚实的新能源发展基础。

2 五年规划，绘制可再生能源发展蓝图

2021 年 10 月，国家发展改革委、国家能源局等九部门联合印发《关于印发“十四五”可再生能源发展规划的通知》（发改能源〔2021〕1445 号），锚定碳达峰、碳中和目标，以高质量跃升发展为主题，促进可再生能源大规模、高比例、市场化、高质量发展。“十四五”期间，光伏发电等可再生能源将以区域布局优化发展、以重大基地支撑发展、以示范工程引领发展、以行动计划落实发展的思路，坚持集中式与分布式并举、陆上与海上并举、就地消纳与外送消纳并举、单品种开发与多品种互补并举、单一场景与综合场景并举，进一步推动光伏发电等可再生能源行业实现更大规模开发、更多模式融合、更高水平利用、更多场景应用。

3 多措并举，引导能源绿色低碳转型

2022 年 1 月，国家发展改革委、国家能源局印发《关于完善能源绿色低碳转型体制机制和政策措施的意见》（发改能源〔2022〕206 号），明确“十四五”时期，基本建立推进能源绿色低碳发展的制度框架，形成比较完善的政策、标准、市场和监管体系，构建以能耗“双控”和非化石能源目标制度为引领的能源绿色低碳转型推进机制。在光伏发电行业领域，完善引导绿色能源消费的制度和政策体系，建立健全绿色能源消费促进机制，鼓励光伏建筑一体化应用；建立绿色低碳为导向的能源开发利用新机制，加快推进以沙漠、戈壁、荒漠地区为重点的大型风电、光伏发电基地建设，在农村地区优先支持屋顶分布式光伏发电；建立支撑能源绿色低碳转型的科技创新体系，加快智能光伏创新升级等。

2.2 建设管理

2022 年，为主动适应行业发展新形势新要求，《光伏电站开发建设管理办法》修订发布，各地继续依据目标引导合理布局光伏发电项目建设，“建档立卡”机制适时启动，进一步加强行业精细化管理和服务。

1 修订发布《光伏发电开发建设管理办法》

为规范光伏电站开发建设管理，保障光伏电站和电力系统清洁低碳、安全高效运行，促进光伏发电持续健康高质量发展，2022 年 11 月，国家能源局印发《光伏电站开发建设管理办法》（国能发新能规〔2022〕104 号），明确了现阶段光伏电站的管理思路与要求。该办法适用于集中式光伏电站的行业管理、年度开发建设方案、项目建设管理、电网接入管理、运行监测等，共 7 章 32 条，既涵盖了国家与地方行业管理部门、国家能源局派出机构、光伏企业、电网企业等光伏行业涉及的各类主体的职责要求，也覆盖了光伏电站规划、开工、建设、运行、改造升级、退役等各阶段的全生命周期管理要求。

2 各地继续坚持目标导向布局光伏发电

2022 年光伏发电项目建设管理办法延续《国家能源局关于 2021 年风电、光伏发电开发建设有关事项的通知》(国能发新能〔2021〕25 号)相关要求，坚持目标导向，完善发展机制，释放消纳空间，优化发展环境，发挥地方主导作用，调动投资主体积极性，推动风电、光伏发电高质量跃升发展。国家按照目标导向和责任共担原则，根据“十四五”规划目标，测算下达各省（区、市）年度可再生能源电力消纳责任权重；各地结合消纳责任权重和新能源合理利用率目标，确定本省（区、市）年度新增风光电项目建设规模与储备，制定年度开发方案。

3 开展光伏发电项目建档立卡

为全面准确掌握光伏发电等可再生能源发电项目的数量和规模等情况，进一步加强行业精细化管理和服务，支撑绿色电力证书核发和交易、新增可再生能源不纳入能源消费总量控制认定等工作，2022 年 8 月，《国家能源局综合司关于组织开展可再生能源发电项目建档立卡有关工作的通知》指出，对全国并网在运的集中式光伏电站、分布式光伏发电等可再生能源发电项目开展建档立卡，建立全国可再生能源发电项目库。基于国家可再生能源信息管理平台，国家可再生能源信息管理中心负责建档立卡系统的建设运行、技术支持和动态维护，对全国可再生能源发电项目信息进行统一归集、统一管理。

2.3 消纳保障

2022 年，我国光伏发电项目建设提速，为保障光伏发电“发得出、供得上、用得好”，在并网消纳方面，可再生能源消纳保障机制持续发力，加强并网统筹，保障光伏发电等新能源“能并尽并”，抽水蓄能、新型储能等新能源存储调节设施加快布局；在消费利用方面，进一步做好新增可再生能源消费不纳入能源消费总量控制，积极引导全社会更多消费光伏发电等绿色电力。

1 权重引导，可再生能源消纳保障机制优化作用持续发力

2022 年 7 月，国家发展改革委办公厅、国家能源局综合司印发《关于 2022 年可再生能源电力消纳责任权重及有关事项的通知》（发改办能源〔2022〕680 号），公布 2022 年各省（区、市）消纳责任权重。从全国情况看，2022 年，11 个省（区、市）最低总量消纳责任权重超过 30%，14 个省（区、市）最低非水电消纳责任权重超过或等于 15%。与 2021 年设置的消纳责任权重相比，2022 年各省（区、市）最低总量消纳责任权重平均值达 31.4%，提升 1.1 个百分点；各省（区、市）最低非水电消纳责任权重平均值达 14.8%，提升 1.4 个百分点。2022 年全国各省（区、市）可再生能源电力消纳责任权重见表 2-1。

此外，政策明确健全完善可再生能源绿色电力证书制度。从 2022 年起，逐步建立以可再生能源绿色电力证书计量可再生能源消纳量的相关制度。

表 2-1　2022 年各省（区、市）可再生能源电力消纳责任权重

省（区、市）	总量消纳责任权重		非水电消纳责任权重	
	最低值	激励值	最低值	激励值
北京	19.0%	20.9%	18.8%	20.7%
天津	18.4%	20.2%	17.5%	19.3%
河北	17.9%	19.7%	17.8%	19.5%
山西	21.4%	23.6%	20.3%	22.3%
山东	15.0%	16.5%	14.5%	16.0%
内蒙古	21.9%	24.1%	20.8%	22.8%
辽宁	18.1%	19.9%	14.8%	16.2%
吉林	30.2%	33.2%	22.3%	24.5%
黑龙江	23.4%	25.7%	21.5%	23.7%
上海	31.0%	34.1%	5.2%	5.7%
江苏	19.8%	21.8%	11.8%	12.9%
浙江	19.5%	21.5%	9.8%	10.8%
安徽	18.5%	20.3%	15.3%	16.8%
福建	19.5%	21.5%	8.8%	9.7%

续表

省（区、市）	总量消纳责任权重		非水电消纳责任权重	
	最低值	激励值	最低值	激励值
江西	28.5%	31.4%	13.3%	14.6%
河南	24.8%	27.3%	19.8%	21.8%
湖北	37.5%	41.3%	11.3%	12.4%
湖南	46.4%	51.0%	14.8%	16.3%
重庆	44.7%	49.1%	5.3%	5.8%
四川	74.0%	81.4%	7.3%	8.0%
陕西	25.9%	28.5%	17.3%	19.0%
甘肃	50.0%	55.0%	20.3%	22.3%
青海	70.0%	77.0%	26.0%	28.6%
宁夏	25.4%	27.9%	23.3%	25.6%
新疆	23.8%	26.1%	13.3%	14.6%
广东	29.0%	31.9%	6.3%	6.9%
广西	44.0%	48.4%	11.3%	12.4%
海南	16.7%	18.4%	9.3%	10.2%
贵州	35.7%	39.3%	9.8%	10.8%
云南	73.1%	80.4%	15.0%	16.5%
平均值	31.4%	34.6%	14.8%	16.2%

注：

1. 全国非水电发电量不低于 1.3 万亿千瓦时。

2. 甘肃总量最低消纳责任权重中，2.6 个百分点为 2021 年未完成，累计到 2022 年完成。

3. 新疆总量最低消纳责任权重中，1.8 个百分点为 2021 年未完成，累计到 2022 年完成；非水电最低消纳责任权重中，0.6 个百分点为 2021 年未完成，累计到 2022 年完成。

4. 西藏不考核。

2 加强并网统筹，保障新能源“应并尽并、能并早并”

2022 年 11 月，国家能源局综合司印发《关于积极推动新能源发电项目应并尽并、能并早并有关工作的通知》，要求电网企业按照“应并尽并、能并早并”原则，对具备并网条件的风电、光伏发电项目，切实采取有效措施，保障及时并网；允许风电、光伏发电项目分批并网，不得将全容量建成作为新能源项目并网的必要条件。政策发布为第四季度光伏发电项目如期并网提供了有力保障。

3 规划布局，新能源存储调节资源加速配置

《“十四五”可再生能源发展规划》提出，要加快建设可再生能源存储调节设施，提升新型电力系统对高比例可再生能源的适应能力。一是加快推进抽水蓄能电站建设。持续推进站点资源调查工作，加快推动“十四五”重点项目建设，在新能源快速发展地区，推进中小型抽水蓄能电站示范。二是推进黄河上游梯级电站大型储能试点项目建设，推进龙羊峡—拉西瓦河段百万千瓦级梯级电站大型储能试点项目建设，支撑青海省新能源消纳和外送。

2022 年 1 月，为加快推动新型储能高质量规模化发展，国家发展改革委、国家能源局印发《关于印发〈“十四五”新型储能发展实施方案〉的通知》（发改能源〔2022〕209 号），提出坚持优化新型储能建设布局，推动新型储能与电力系统各环节融合发展。在电源侧，加快推动系统友好型新能源电站建设，以新型储能支撑高比例可再生能源基地外送、促进沙漠戈壁荒漠大型风电光伏基地和大规模海上风电开发消纳，通过合理配置储能提升煤电等常规电源调节能力。在用户侧，灵活多样地配置新型储能支撑分布式供能系统建设，为用户提供定制化用能服务，提升用户灵活调节能力。同时，推动储能多元化创新应用，推进源网荷储一体化、跨领域融合发展，拓展多种储能形式应用。

4 积极引导，激励绿色电力消费

2022 年 1 月，为深入贯彻落实《中共中央、国务院关于完整准确全面贯彻新发展理念做好碳达峰碳中和工作的意见》《2030 年前碳达峰行动方案》有关要求，国家发展改革委、工业和信息化部等七部门联合印发《促进绿色消费实施方案》（发改就业〔2022〕107 号），要求大力发展绿色消费，进一步激发全社会绿色电力消费潜力，落实新增可再生能源和原料用能不纳入能源消费总量控制要求，统筹推动绿色电力交易、绿证交易，有序引导用户更多消费绿色电力。

2022 年 8 月，为落实《“十四五”节能减排综合工作方案》有关要求，有序推进新增可再生能源电力消费量不纳入能源消费总量控制，国家发展改革委、国家统计局、国家能源局印发《关于进一步做好新增可再生能源消费不纳入能源消费总量控制有关工作的通知》（发改运行〔2022〕1258 号）。一是现阶段不纳入能源消费总量的可再生能源主要包括风电、太阳能发电等可再生能源，以各地区

2020 年可再生能源电力消费量为基数，“十四五”期间每年较上一年新增的可再生能源电力消费量，在全国和地方能源消费总量考核时予以扣除。二是明确以绿证作为可再生能源电力消费量认定的基本凭证，绿证核发范围覆盖所有可再生能源发电项目，建立全国统一的绿证体系，由国家可再生能源信息管理中心根据国家相关规定和电网提供的基础数据向可再生能源发电企业按照项目所发电量核发相应绿证。三是完善可再生能源消费数据统计核算体系，科学实施节能目标责任评价考核。

2.4 电价政策

新建光伏发电项目延续平价上网政策。2022 年 4 月，国家发展改革委印发《关于 2022 年新建风电、光伏发电项目延续平价上网政策的函》，明确对 2022 年新核准陆上风电项目、新备案集中式光伏电站和工商业分布式光伏项目，延续平价上网政策，上网电价按当地燃煤发电基准价执行；新建项目可自愿通过市场化交易形成上网电价，以充分体现新能源的绿色电力价值。按照现行各省（区、市）燃煤发电基准价，光伏Ⅰ～Ⅲ类资源区新建项目执行电价算数平均值分别为每千瓦时 0.2656 元（含税，下同）、0.3380 元、0.3962 元。2022 年全国各省（区、市）燃煤发电基准价如图 2-1 所示。

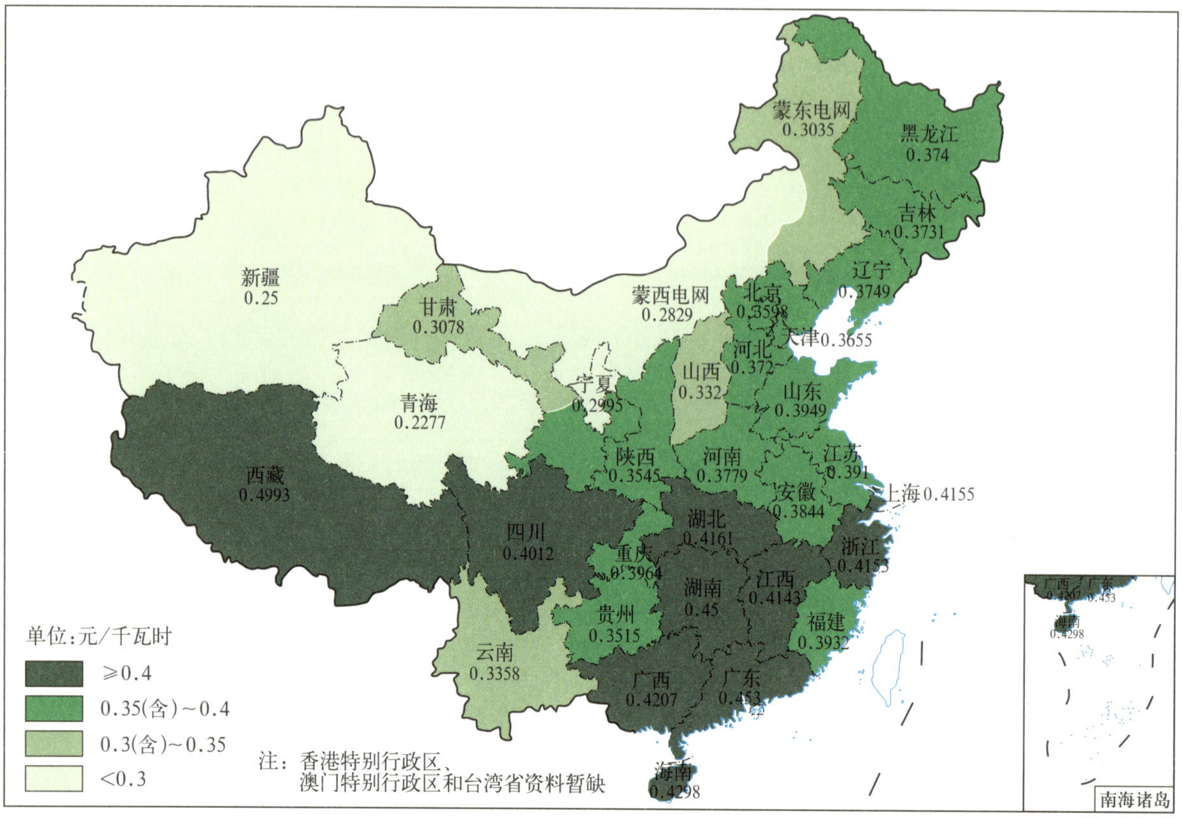

图 2-1　2022 年全国各省（区、市）燃煤发电基准价

2.5 行业监测

按月调度机制是国家能源局主动适应可再生能源发展新阶段、创新事中事后监管方式、统揽开发建设全局、畅通信息渠道、协调各方工作、解决发展中实际问题的有力举措，也是稳步推动构建以新能源为主体的新型电力系统的重要支撑。依托国家可再生能源信息管理平台，国家可再生能源信息管理中心负责对可再生能源发电项目从储备、核准（审核、备案）、开工、建设、并网到投产进行全过程调度，以动态监测全国可再生能源发电项目建设情况。

自 2021 年 8 月正式启动至 2022 年底，国家能源局召开了 6 次由国家能源局各相关司、省级能源主管部门、可再生能源投资开发企业、电网企业和行业研究机构参加的月度调度会，及时掌握了开发建设中的问题并形成问题责任清单，有力推动了相关问题解决，保障了项目按计划开发建设。截至 2022 年底，国家可再生能源信息管理中心共编写了 15 期月度监测评估报告，为国家能源局全面掌握可再生能源发展情况以及各省级能源主管部门横向比较本省（区、市）发展情况提供了有力支撑。

2.6 市场交易

2022 年，随着电力体制改革逐步推进，光伏发电等新能源电力参与中长期交易、现货交易等市场机制逐步建立。

1 加快建设全国统一电力市场体系

为实现电力资源在更大范围内共享互济和优化配置、提升电力系统稳定性和灵活调节能力，2022 年 1 月，国家发展改革委、国家能源局印发《关于加快建设全国统一电力市场体系的指导意见》（发改体改〔2022〕118 号），明确到 2030 年全国统一电力市场体系基本建成，新能源全面参与市场交易。

2 逐步推进电力现货市场建设

2022 年 2 月，国家发展改革委办公厅、国家能源局综合司印发《关于加快推进电力现货市场建设工作的通知》（发改办体改〔2022〕129 号），支持具备条件的现货试点地区不间断运行，尽快形成长期稳定运行的电力现货市场。第一批试点地区原则上 2022 年开展现货市场长周期连续试运行，第二批试点地区原则上在 2022 年 6 月底前启动现货市场试运行。

3 有序推动新能源参与市场交易

发改办体改〔2022〕129 号文提出，有序推动新能源参与市场交易。一方面，构建主要由市场形成新能源价格的电价机制。推动新能源自愿参与电力市场交易，充分体现新能源的环境价值和系统消纳成本，引导绿电中长期交易电价对标燃煤发电市场化交易电价。另一方面，建立与新能源特性相适应的交易机制。满足新能源对合同电量、曲线的灵活调节需求，在保障新能源合理收益的前提下，鼓励新能源以差价合约形式参与现货市场交易，按照现货规则进行偏差结算，对由于报价原因未中标电量不纳入新能源弃电量统计。

4 支持分布式发电就近参与市场交易

2022 年 5 月 6 日，国家能源局综合司印发《关于印发〈国家能源局 2022 年深化“放管服”改革优化营商环境重点任务分工方案〉的通知》（国能综通法改〔2022〕45 号），提出推动分布式发电市场化交易。完善市场交易机制，支持分布式发电就近参与市场交易，推动分布式发电参与绿色电力交易。推动建设基于区块链等技术应用的交易平台，研究适应可再生能源微电网、存量地方电网、增量配电网与大电网开展交易的体制机制。

2.7 金融支持

2022 年，我国光伏发电行业融资与金融支持环境持续优化，多项重要政策明确通过多元投资机制和完善金融支持政策助力光伏行业更好更快发展。

1 完善支持新能源发展的财政金融政策

国办函〔2022〕39号文提出完善支持新能源发展的财政金融政策。一是优化政策资金使用，用好可再生能源发展基金，利用好现有资金渠道支持新能源发展，研究将新能源领域符合条件的公益性建设项目纳入地方政府债券支持范围。二是完善金融相关支持措施，金融机构可以自主确定是否对已纳入可再生能源发电补贴清单的项目发放补贴确权贷款，支持符合条件的金融机构提供绿色资产支持（商业）票据、保理等创新方案，解决新能源企业资金需求。三是丰富绿色金融产品服务，加大绿色债券、绿色信贷对新能源项目的支持力度，研究探索将新能源项目纳入基础设施不动产投资信托基金（REITs）试点支持范围等。

2 建立支撑能源绿色低碳转型的财政金融政策保障机制

发改能源〔2022〕206号文明确，建立支撑能源绿色低碳转型的财政金融政策保障机制。一是完善多元化投融资机制。加大对清洁低碳能源项目投融资支持力度；推动清洁低碳能源相关基础设施项目开展市场化投融资，研究将清洁低碳能源项目纳入基础设施领域不动产投资信托基金（REITs）试点范围。二是完善金融支持政策。探索发展清洁低碳能源行业供应链金融；完善清洁低碳能源行业企业贷款审批流程和评级方法；创新适应清洁低碳能源特点的绿色金融产品，鼓励符合条件的企业发行碳中和债等绿色债券；等等。

3 分布式光伏延续税费优惠政策

2022年5月，为助力经济社会发展全面绿色转型，实施可持续发展战略，国家税务总局印发《支持绿色发展税费优惠政策指引》，明确分布式光伏发电自发自用电量延续往年税费优惠政策，免收国家重大水利工程建设基金、可再生能源电价附加、大中型水库移民后扶持基金、农网还贷资金。

2.8 产业制造

为引导产业链供应链协同创新，促进光伏产业高质量发展，2022 年 8 月，工业和信息化部办公厅、市场监管总局办公厅、国家能源局综合司印发《关于促进光伏产业链供应链协同发展的通知》(工信厅联电子函〔2022〕205 号)，对光伏发电制造业提出了五个方面的发展要求：一是立足长远目标，优化产业布局；二是鼓励创新进步，规范行业秩序；三是加强系统对接，深化全链合作；四是支持协同发展，稳定产业供需；五是坚持统筹发力，加强宣传引导。

为提升光伏发电产业链供应链配套供应保障能力，2022 年 9 月，国家发展改革委办公厅、国家能源局综合司印发《关于促进光伏产业链健康发展有关事项的通知》(发改办运行〔2022〕788 号)，要求多措并举保障多晶硅合理产量，创造条件支持多晶硅先进产能按期达产，鼓励多晶硅企业合理控制产品价格水平，充分保障多晶硅生产企业电力需求，鼓励光伏产业制造环节加大绿电消纳，完善产业链综合支持措施，加强行业监管，合理引导行业预期。

2.9 科技研发

加快电力装备绿色低碳创新发展。2022 年 8 月 24 日，工业和信息化部、财政部、商务部、国务院国资委、国家市场监督管理总局联合印发《加快电力装备绿色低碳创新发展行动计划》(工信部联重装〔2022〕105 号)，在太阳能装备方面，提出重点发展高效低成本光伏电池技术；研发高可靠、智能化光伏组件及高电压、高功率、高效散热的逆变器以及智能故障检测、快速定位等关键技术；开发基于新一代信息技术的集成运维技术和智能光伏管理系统；推动建立光热发电与光伏、储能等多能互补集成；研究光伏组件资源化利用实施路径；推动 TOPCon、HJT、IBC 等晶体硅太阳能电池技术和钙钛矿、叠层电池组件技术产业化，开展新型高效低成本光伏电池技术研究和应用，开展智能光伏试点示范和行业应用。

开展第三批智能光伏试点示范活动。2022 年 11 月，工业和信息化部办公厅、住房和城乡建设部办公厅、交通运输部办公厅、农业农村部办公厅、国家能源局综合司印发《关于开展第三批智能光伏试点示范活动的通知》(工信厅联电子函〔2022〕295 号)，组织开展第三批智能光伏试点示范活动。

试点示范包括三个方面内容：一是支持培育一批智能光伏示范企业，包括能够提供先进、成熟的智能光伏产品、服务、系统平台或整体解决方案的企业；二是支持建设一批智能光伏示范项目，包括应用智能光伏产品，融合运用 5G 通信、大数据、工业互联网、人工智能等新一代信息技术，为用户提供智能光伏服务的项目；三是优先考虑光储融合、交通应用、农业应用、信息技术、产业链提升、先进技术产品等方面的应用。

3 开发应用篇
Development and Application

3.1 太阳能资源

2022 年，全国太阳能资源为偏大年景。年平均水平面总辐照量约 1563.4 千瓦时 / 米 ^{2}，较近 30 年（1992—2021 年）偏大 45.3 千瓦时 / 米 ^{2}，较近 10 年（2012—2021 年）偏大 54.0 千瓦时 / 米 ^{2}，较 2021 年偏大 70.0 千瓦时 / 米 ^{2}。

全国太阳能资源地区性差异较大，呈现西部地区大于中东部地区，高原、少雨干燥地区大，平原、多雨高湿地区小的特点（见图 3-1）。

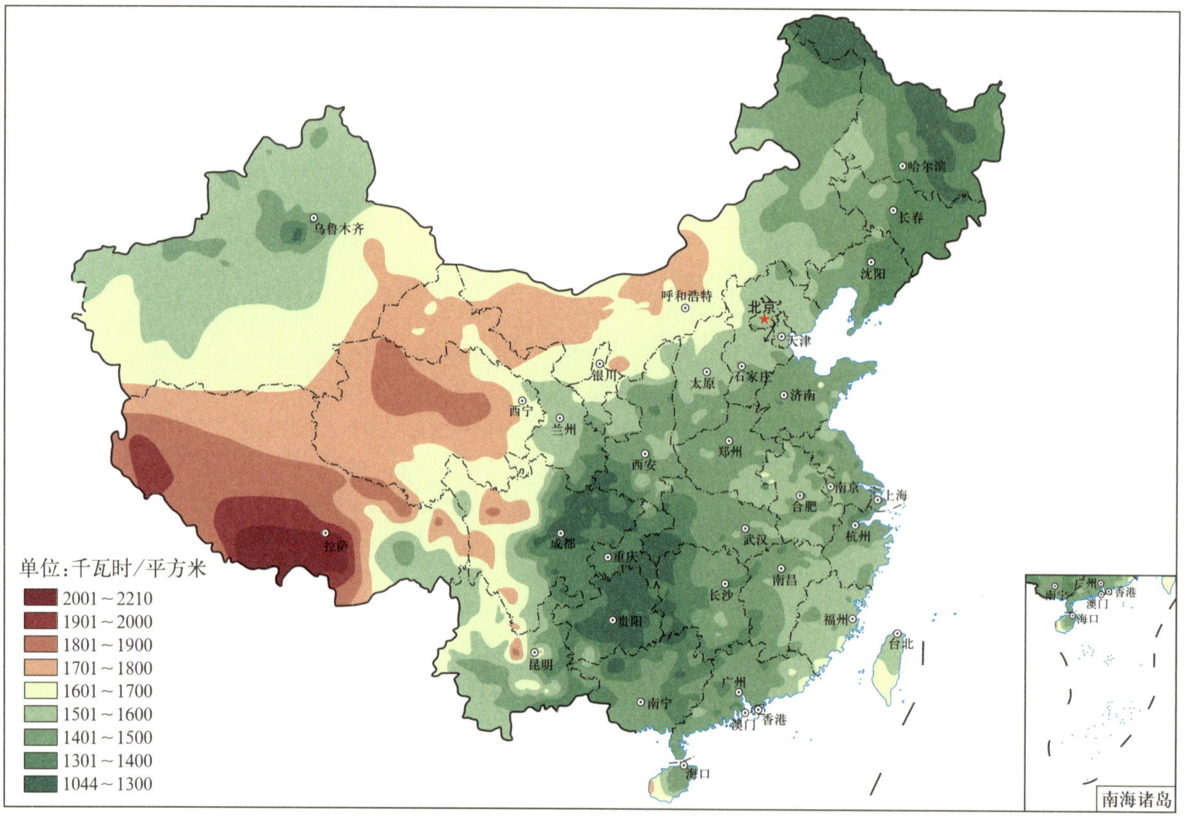

图 3-1 2022 年全国年水平面总辐照量分布

2022 年，新疆大部、西藏、西北、西南西部、内蒙古大部、华北、华中大部、华南大部地区年水平面总辐照量超过 1400 千瓦时 / 米 ^{2}，其中，西藏大部、青海中部及北部局部地区年水平面总辐照量超过 1750 千瓦时 / 米 ^{2}，太阳能资源最丰富；新疆大部、内蒙古大部、西北中部及东部、华北、华东、华南东部等地年水平面总辐照量为 1400~1750 千瓦时 / 米 ^{2}，太阳能资源很丰富。东北东部、四川东部、重庆、贵州、湖南西部、广西北部及东部等地年水平面总辐照量为 1050~1400 千瓦

时 / 米 ^{2}，太阳能资源丰富。全国水平面总辐照量几乎全大于 1050 千瓦时 / 米 ^{2}，基本无太阳能资源一般区。

3.2 前期管理

1 保障性并网项目和市场化并网项目

2022 年，各省（区、市）继续按照国能发新能〔2021〕25 号文，开展保障性并网和市场化并网项目申报工作。其中，各省（区、市）按照非水电最低消纳责任权重合理安排本省（区、市）光伏发电保障性并网规模；光伏发电市场化并网规模通过自建、合建共享或购买服务等市场化方式落实并网条件，由省（区、市）通过组织开展竞争性配置方式纳入。

据不完全统计，2022 年各地结合自身资源禀赋和发展情况，统筹风光资源配置，部分省份对新能源保障性并网项目和市场化并网项目的具体项目类型进行了细化管理。部分省（区、市）光伏发电项目管理方案如表 3-1 所示。

表 3-1　部分省（区、市）光伏发电项目管理方案

省（区、市）	保障性并网项目类别	市场化并网项目类别	政策依据
内蒙古	风光氢产业链等重点项目、配套生态综合治理项目、国家试点示范及乡村振兴等项目、分散式风电及分布式光伏发电项目	源网荷储一体化项目、工业园区可再生能源替代项目、火电灵活性改造促进新能源消纳利用项目、风光制氢一体化示范项目、自建购买储能或调峰能力配建新能源项目、全额自发自用新能源项目	内蒙古自治区人民政府办公厅《关于推动全区风电光伏新能源产业高质量发展的意见》
新疆	通过竞争性配置取得保障性并网新能源规模	煤电挖潜改造路径、配套储能推进路径、新增负荷消纳路径、自备绿电保障路径、多能互补协同路径、关联产业互补路径	新疆维吾尔自治区《服务推进自治区大型风电光伏基地建设操作指引（1.0 版）》
湖北	—	煤电企业组煤保电奖励、新能源装备制造产业建设奖励、风光火互补百万千瓦基地、抽水蓄能项目配套新能源	湖北省能源局《关于落实相关政策推进风电、光伏发电开发建设有关事项的通知》

2 风光大基地项目

根据国家大型风电光伏基地规划布局方案，到2030年，规划建设风光基地总装机容量约4.55亿千瓦。具体来看，库布齐、乌兰布和、腾格里、巴丹吉林沙漠基地规划装机容量2.84亿千瓦，采煤沉陷区规划装机容量0.37亿千瓦，其他沙漠和戈壁地区规划装机容量1.34亿千瓦。其中，“十四五”时期规划建设风光基地总装机容量约2亿千瓦；“十五五”时期规划建设风光基地总装机容量约2.55亿千瓦。

3.3 建设运行

1 建设情况

新增装机创历史新高。2022年，全国光伏发电新增装机容量8741万千瓦，同比增长59.3%，约占全国可再生能源新增装机容量的57%，同比提升16个百分点。其中，集中式光伏电站3629.4万千瓦，同比增长42%；分布式光伏5111.4万千瓦（含户用光伏2525万千瓦，同比增长16.9%），同比增长75%，约占光伏总新增装机容量的58%。

累计装机连续8年居全球首位。截至2022年底，全国光伏发电累计装机容量39204万千瓦，同比增长28.7%，超过风电成为全国第三大电源，连续8年保持全球第一。其中，集中式光伏电站23442万千瓦，同比增长18%；分布式光伏15762万千瓦，同比增长46.6%。光伏发电累计装机容量约占全国电源总装机的15.3%，同比提升2.4个百分点（见图3-2）。

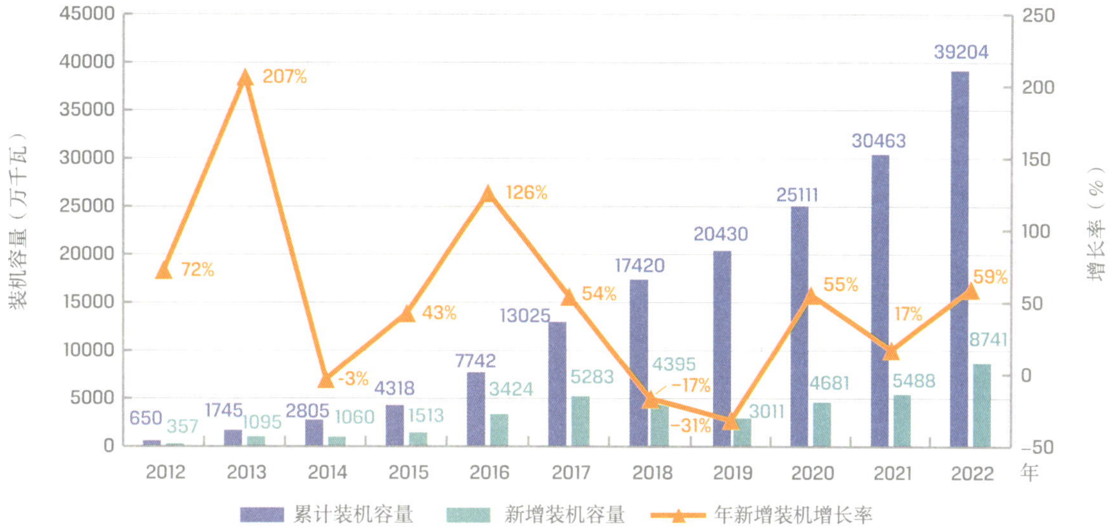

图 3-2　2012—2022 年全国光伏发电装机变化趋势

2022 年全国光伏发电累计装机分布情况见图 3-3。

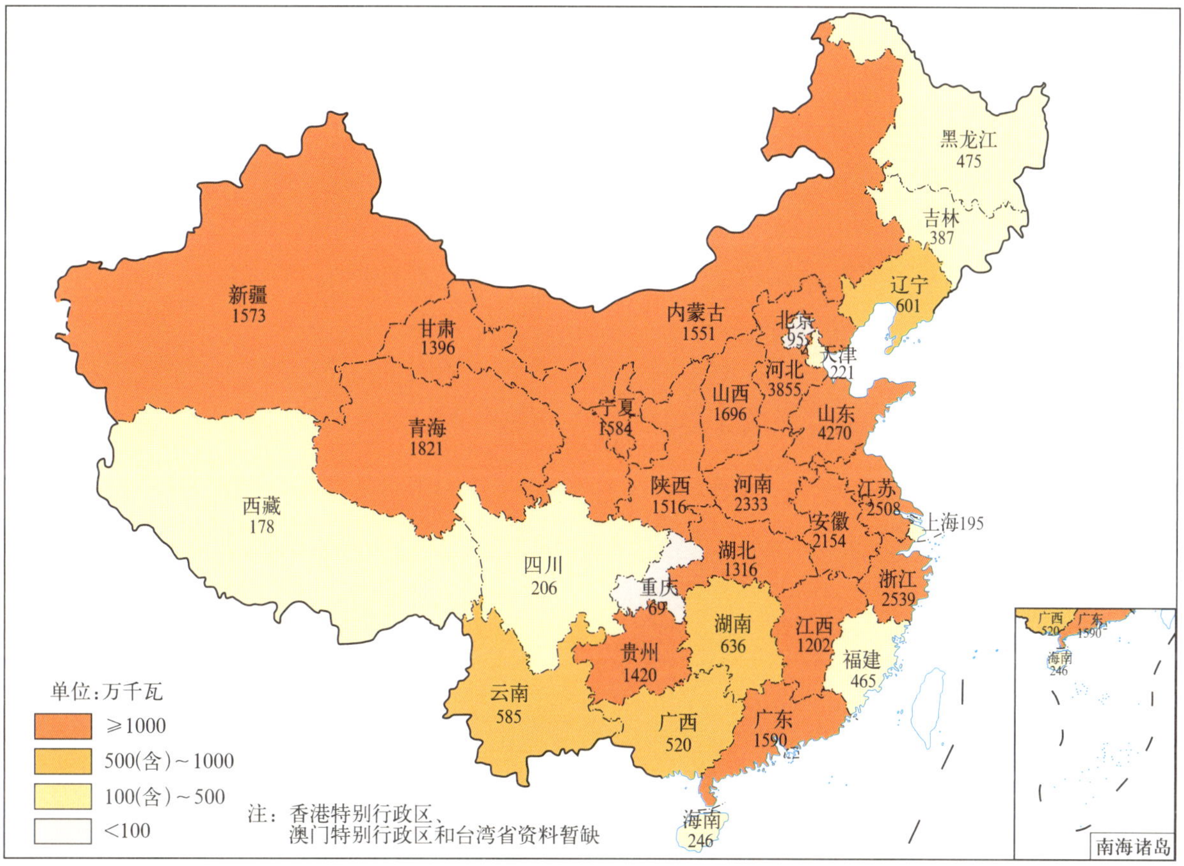

图 3-3　2022 年全国光伏发电累计装机分布情况

分月度看，年底集中并网明显。在光伏发电项目建设周期影响下，2022 年 12 月全国光伏发电新增装机 2042 万千瓦，为全年月度装机最高值。其中，集中式光伏电站新增装机达到 1447 万千瓦，占全年的 42%；分布式光伏发电项目新增装机 595 万千瓦，为全年月度装机量峰值（见图 3-4）。

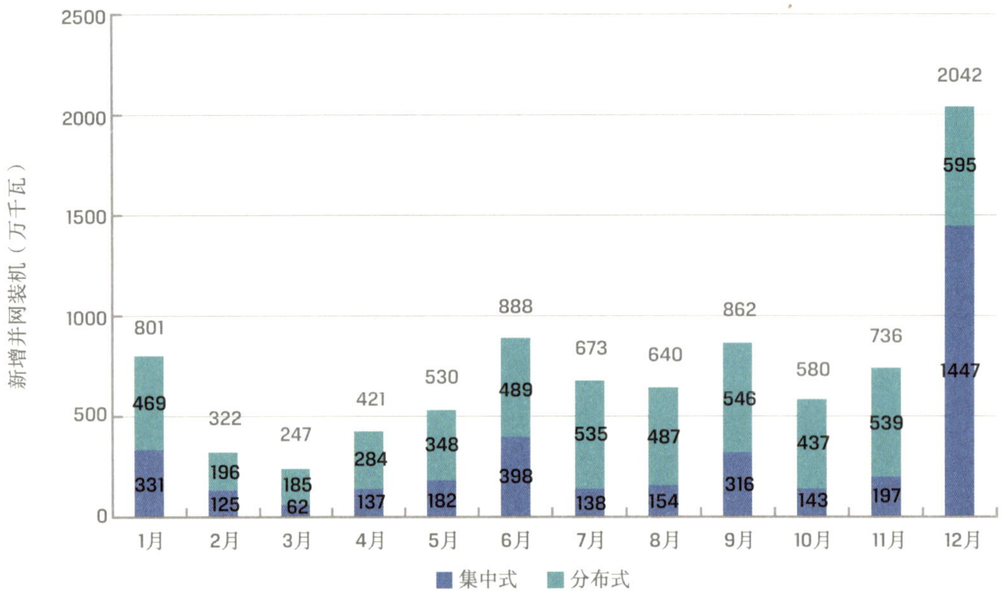

图 3-4　2022 年光伏发电新增装机月度变化趋势

建档立卡有序推进。据国家可再生能源信息管理平台数据，截至 2022 年底，全国共完成光伏发电项目建档立卡 289.73 万个，装机容量 3.32 亿千瓦。其中，集中式光伏电站 6304 个，装机容量 2.25 亿千瓦；分布式光伏发电项目 289.1 万个，装机容量 1.07 亿千瓦。在分布式光伏发电项目中，工商业分布式光伏 2.8 万个，装机容量 4177 万千瓦，自然人户用光伏项目 286.4 万个，装机容量 6530 万千瓦。

光伏发电实现多场景融合开发。基于光资源的广泛分布和光伏发电应用的灵活性特点，“光伏 +”模式多样化发展。光伏发电与扶贫、农业、渔业、沉陷区治理、建筑一体化等非能源领域的综合利用结合愈加紧密，有效提高了土地综合利用效率，并对当地民生起到显著提升作用，充分发挥了“1+1>2”的跨界融合应用效果。可再生能源建档立卡系统数据库内收录的“光伏 +”项目数据显示，截至 2022 年底，全国在运“光伏 +”项目 2106 个，装机容量 6097 万千瓦，主要分布在贵州、广东、湖北、河北、安徽等省，项目类型以农光互补、渔光互补、光伏 + 交通为主（见图 3-5）。

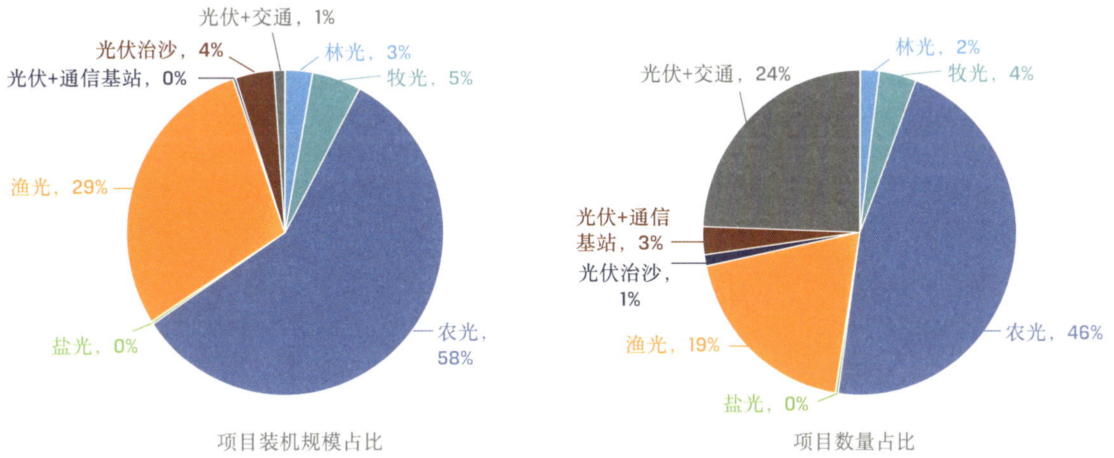

图 3-5　不同类型“光伏 +”项目数量及规模情况

海上光伏发电项目启动开发。2022 年，山东省首批桩基固定式海上光伏发电项目启动开发建设工作，共计 10 个项目，装机容量 1125 万千瓦。

2 运行情况

发电量占比稳步提升。2022 年，得益于全国大多数地区全年太阳能辐射水平及光伏发电系统设计优化能力、运维技术提升，光伏年发电量达到 4251 亿千瓦时，同比增长 30%，占全部电源总发电量的 4.9%，同比提升约 1 个百分点（见图 3-6）。其中，集中式光伏发电量 2815 亿千瓦时，同比增长 21%；分布式光伏发电量 1436 亿千瓦时，同比增长 55%。从新增发电量看，光伏新增发电量 992 亿千瓦时，约占新增发电总量的 33.3%，约占可再生能源新增发电量的 41.2%，同比分别提升 24.6 个和 16.8 个百分点。

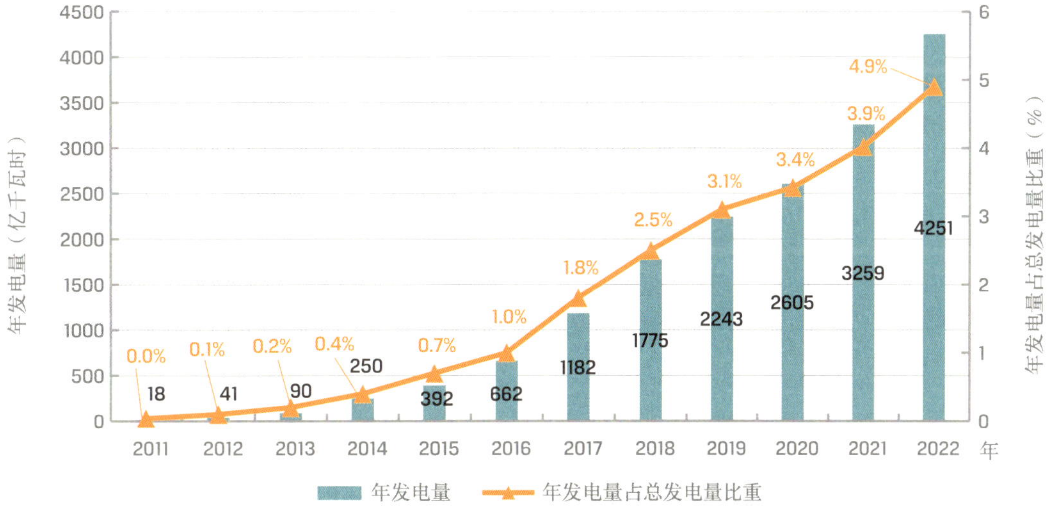

图 3-6　2011—2022 年全国光伏发电量变化趋势

年平均利用小时数同比略有增长。2022 年，全国光伏发电年平均利用小时数达到 1202 小时，同比增加 9 小时。分区域看，年平均利用小时数前三的地区分别为东北地区 1486 小时、华北地区 1311 小时、西北地区 1309 小时（见图 3-7）。分省份看，黑龙江、宁夏、内蒙古、吉林、甘肃年平均利用小时数位居全国前列（见表 3-2），分别达到 1563 小时、1540 小时、1528 小时、1509 小时、1500 小时。

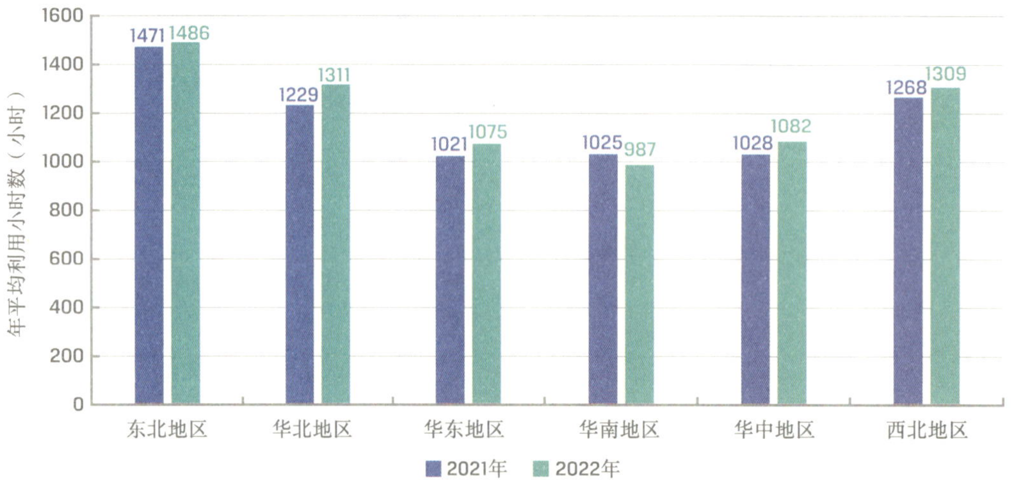

图 3-7　2021—2022 年中国六大区域光伏发电年平均利用小时数对比

表 3-2　2022 年平均利用小时数居前十的省（区）

单位：小时

序号	省（区）	2022 年	同比 ±
1	黑龙江	1563	47
2	宁夏	1540	68
3	内蒙古	1528	-30
4	吉林	1509	-27
5	甘肃	1500	-28
6	四川	1497	-32
7	青海	1495	188
8	新疆（含兵团）	1407	-90
9	西藏	1387	74
10	辽宁	1383	63

发电利用率维持较高水平。2022 年，全国平均光伏发电利用率达到 98.3%，同比上升 0.3 个百分点（见图 3-8）。具体来看，受益于全社会用电量快速增长以及电力系统灵活性调节能源能力不断提升，除西北地区光伏发电利用率低于 95% 以外，其他地区光伏发电利用率均在 98% 以上。其中，2021 年光伏发电消纳问题较为突出的青海省在 2022 年利用率提升至 91.1%，同比增加 4.9 个百分点（见图 3-9）；西藏受调峰电源建设进度滞后及电网安全稳定约束等因素影响，光伏发电利用率维持在 80% 左右。

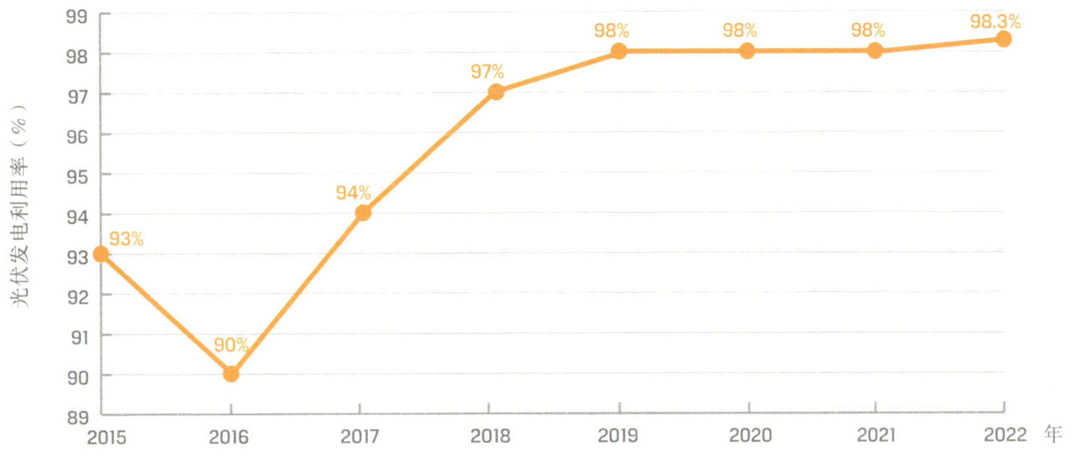

图 3-8　2015—2022 年全国光伏发电利用率变化趋势

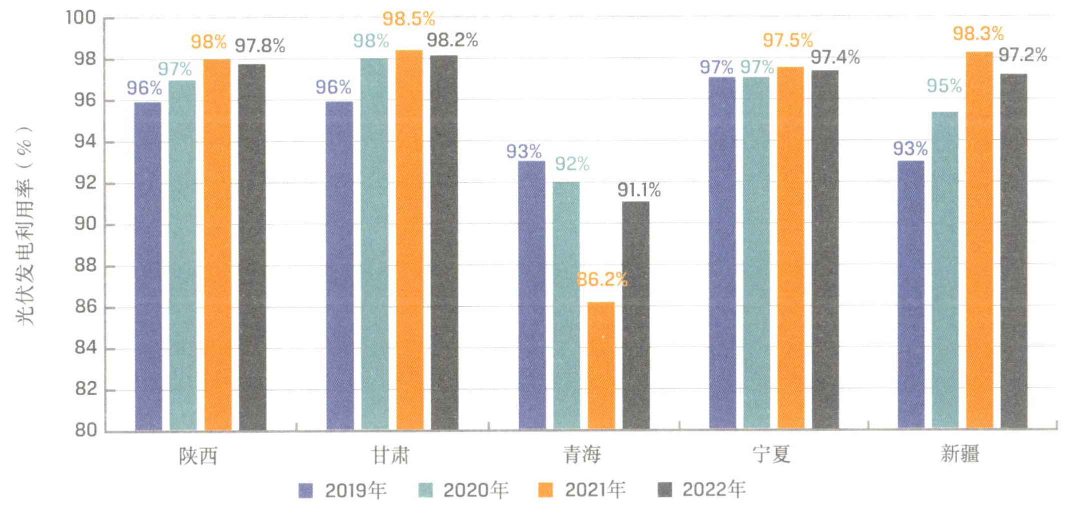

图 3-9　2019—2022 年重点省份光伏发电利用率对比

节能减排效益扩大。2022 年，全国光伏发电量 4251 亿千瓦时，根据供电标准煤耗测算，相当于节约标准煤约 1.3 亿吨，减少二氧化碳排放约 3.5 亿吨，减少二氧化硫排放超过 4.3 万吨。

3.4 区域发展

1 区域发展总体概况

（1）开发建设布局持续优化，中东南部新增装机占比有所提升

2022 年，中东南部地区和“三北”地区光伏发电开发建设布局持续优化。中东南部地区新增装机容量 5021 万千瓦，同比增长 105%，占全国新增比重增至 57%，同比增加 13 个百分点；“三北”地区新增装机容量 3720 万千瓦，同比增长 22.5%，占全国新增比重下降至 43%（见图 3-10）。截至 2022 年底，中东南部地区累计装机容量 17984 万千瓦，同比增长 38%，占全国累计比重 46%；“三北”地区累计装机容量 21219 万千瓦，同比增长 21%，占全国累计比重 54%（见图 3-11）。

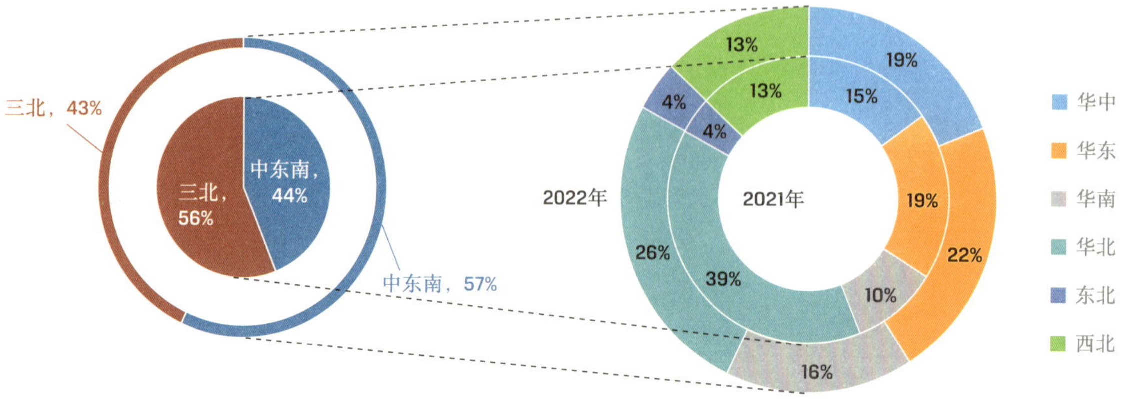

图 3-10　2021 年和 2022 年全国六大区域光伏发电新增装机占比

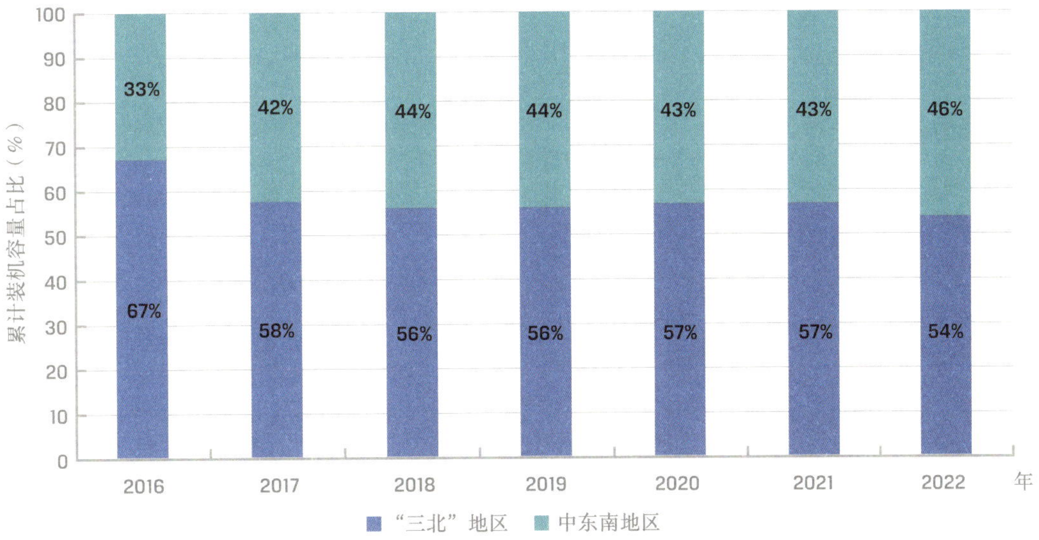

图 3-11　2016—2022 年"三北"和中东南部地区光伏发电累计装机容量占比变化趋势

（2）装机布局主要集中在华北、西北、华东

从光伏发电累计装机看，华北、西北、华东三个地区合计超过全国的 69%，占比分别为 29%、21%、20%（见图 3-12）。其中，位于华北地区的山东、河北两省累计装机居全国第一位、第二位，规模均超过 3800 万千瓦，分别达到 4270 万千瓦、3855 万千瓦；位于华东地区的浙江、江苏、安徽三省以及西北地区的青海、宁夏两省（区），累计装机均位居全国前十（见图 3-13）。

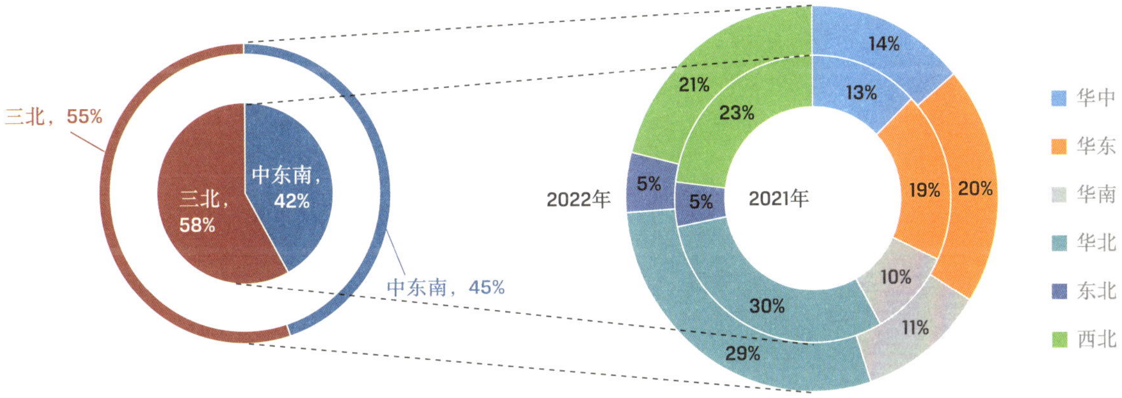

图 3-12　2021 年和 2022 年全国六大区域光伏发电累计装机占比

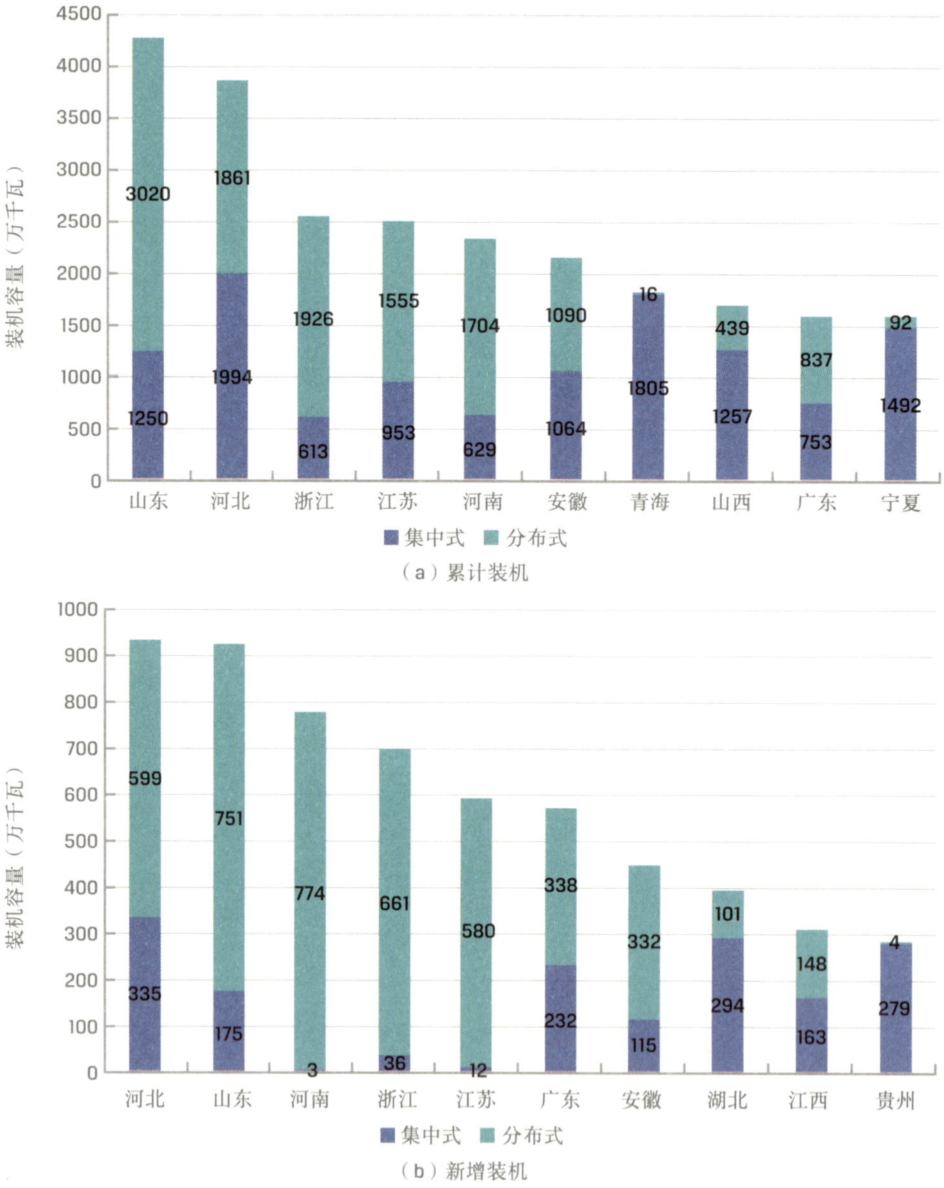

（a）累计装机

（b）新增装机

图 3-13　2022 年全国光伏发电装机容量排名前十省（区）

2 重点省份分析

2022 年，全国光伏发电累计装机容量超过 2000 万千瓦的省份达到 6 个，依次为山东、河北、浙江、江苏、河南及安徽；全国光伏发电新增装机容量超过 500 万千瓦的省份有 6 个，依次为河北、山东、河南、浙江、江苏以及广东。全国累计装机容量最大的省份是山东，累计装机容量 4270 万千瓦；全国新增装机容量最大的省份是河北，新增装机容量为 934 万千瓦。从项目类型看，集中式光伏电站方面，累计装机和新增装机容量最大的省份均为河北，累计装机和新增装机分别为 1994 万千瓦、

335 万千瓦；分布式光伏方面，累计装机容量最大的省份是山东，为 3020 万千瓦，新增装机容量最大的省份是河南，为 774 万千瓦。

本部分选取具有代表性的山东、河北、河南三省，其中山东是全国累计装机容量和分布式光伏累计装机容量最大的省份，河北是全国新增装机、集中式光伏电站累计和新增装机容量最大的省份，河南是全国分布式光伏新增装机容量最大的省份，分析上述 3 个省 2022 年光伏发电建设运行情况。

（1）山东省

- **资源状况**

山东属Ⅲ类太阳能资源区，2/3 以上面积年日照时数在 2200 小时以上，年太阳辐射总量在 1278~1556 千瓦时 / 米 ^{2}。其中，山东半岛大部、鲁西北大部、鲁中部分地区，属太阳能资源较丰富地区；鲁西南、鲁东南大部，鲁西北局部地区，属资源可利用区域（见图 3-14）。

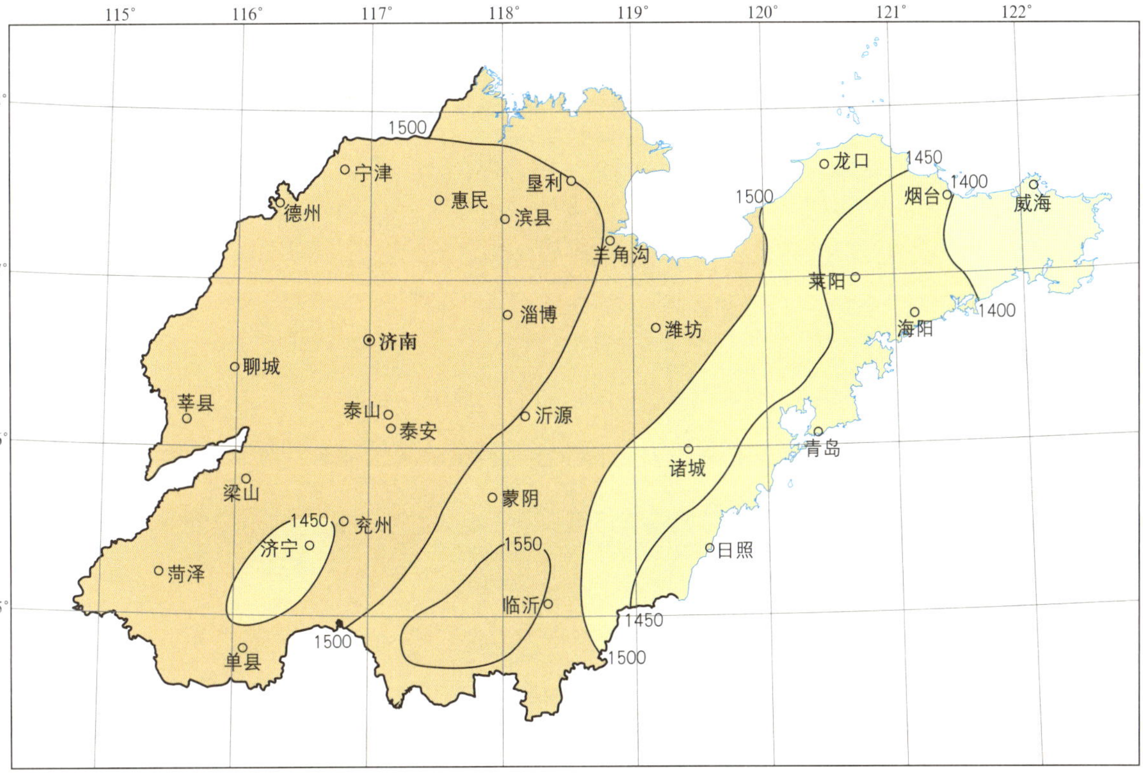

图 3-14　山东太阳能资源分布

• 建设情况

在国家政策支持、各级政府推动、消纳空间保障的叠加作用下，山东光伏发电行业保持快速发展。2022 年，山东省光伏发电新增装机容量 926 万千瓦，约占全国的 10.6%。其中，集中式新增 175 万千瓦，同比降低 14.4%；分布式新增 751 万千瓦，同比降低 13.3%。截至 2022 年底，山东光伏发电累计装机容量达到 4270 万千瓦，连续 6 年居全国第一位。其中，集中式累计装机容量达到 1250 万千瓦，同比增长 23.9%；分布式累计装机容量达到 3020 万千瓦，同比增长 29.4%。2013—2022 年山东光伏发电装机变化趋势如图 3-15 所示。

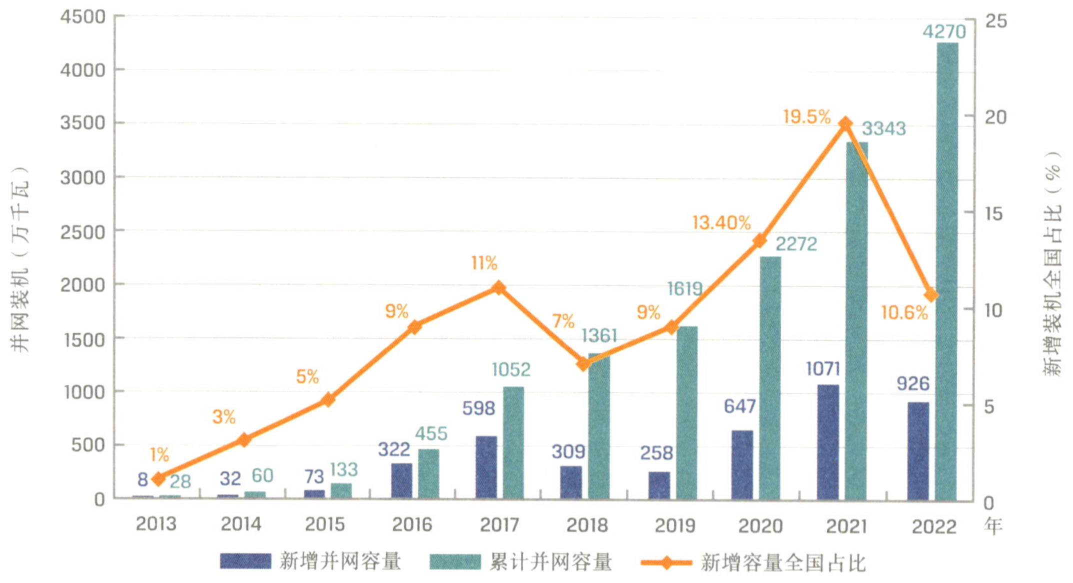

图 3-15　2013—2022 年山东光伏发电装机容量变化趋势

分布式光伏装机继续保持强劲增长势头。2022 年，得益于太阳能辐射资源水平高、电力负荷需求大等优势，山东蝉联全国分布式光伏累计装机最大的省份，新增分布式装机容量居全国第二位。2022 年，山东分布式光伏新增装机容量 751 万千瓦，约占全国新增分布式光伏装机的 14.7%。截至 2022 年底，山东累计分布式光伏装机容量 3020 万千瓦，约占全省光伏发电累计装机的 70.7%。2013—2022 年山东光伏发电新增装机构成对比如图 3-16 所示。

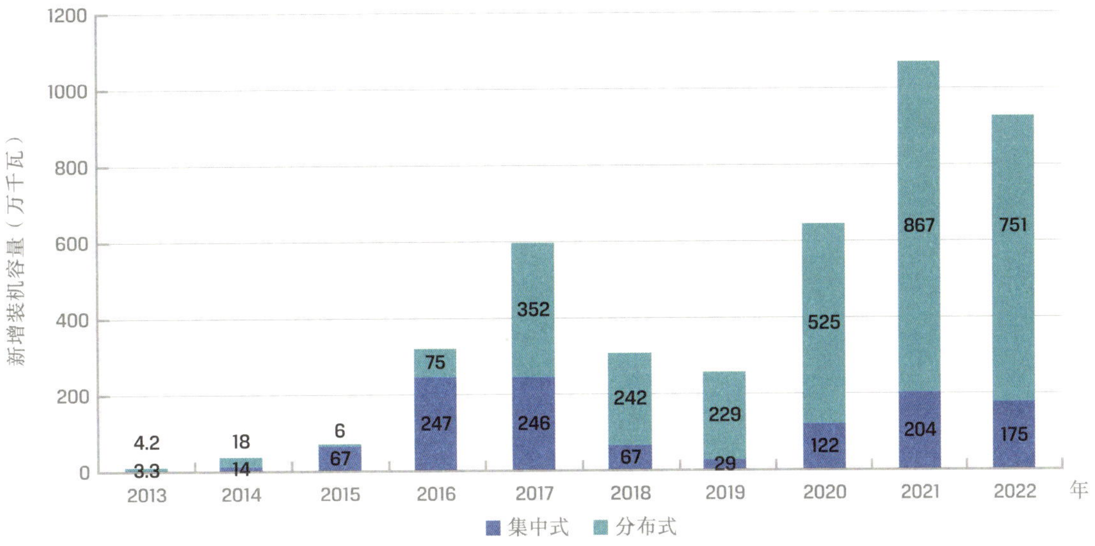

图 3-16　2013—2022 年山东光伏发电新增装机容量构成对比

运行情况

2022 年，山东光伏发电量约 462 亿千瓦时，同比增长 49%（见图 3-17）。其中，集中式光伏发电量约 134 亿千瓦时，同比增长 24%；分布式光伏发电量约 328 亿千瓦时，同比增长 63%。光伏发电年利用小时数 1228 小时，同比增加 77 小时。山东属受端区域，电力消纳条件总体良好，光伏发电利用率达到 98.5%。

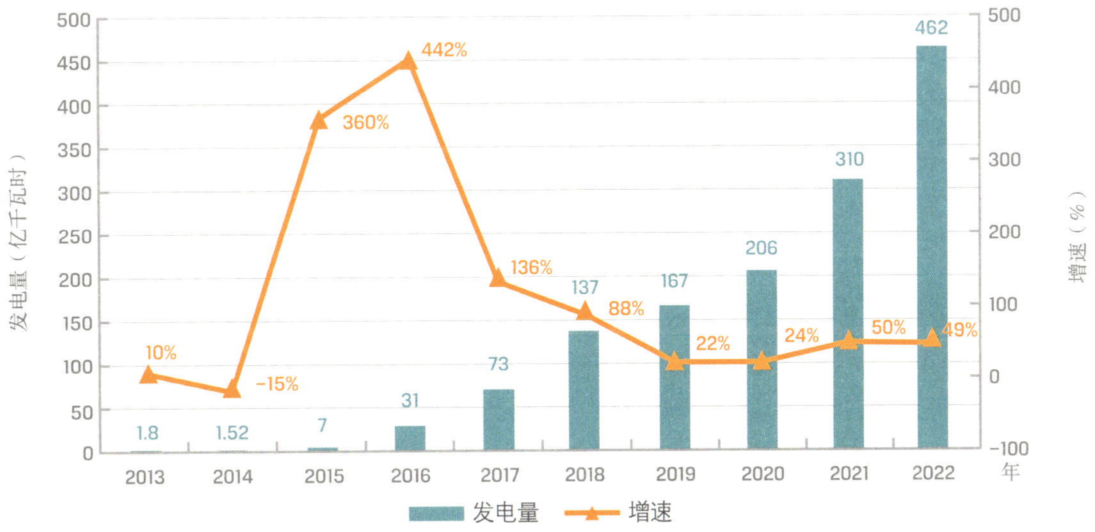

图 3-17　2013—2022 年山东光伏发电量变化趋势

（2）河北省

• 资源状况

河北属于太阳能资源较丰富地带，仅次于青藏及西北地区，年辐射量为 4981~5966 兆焦 / 米 ^{2}，全省可开发量约 9000 万千瓦，其中，北部张家口、承德地区年日照小时数平均 3000~3200 小时，中东部地区 2200~3000 小时，分别为太阳能资源Ⅱ类和Ⅲ类地区，具备地面电站、农光互补、光电建筑一体化等多种形式的开发条件，有较大的开发利用潜力（见图 3-18）。

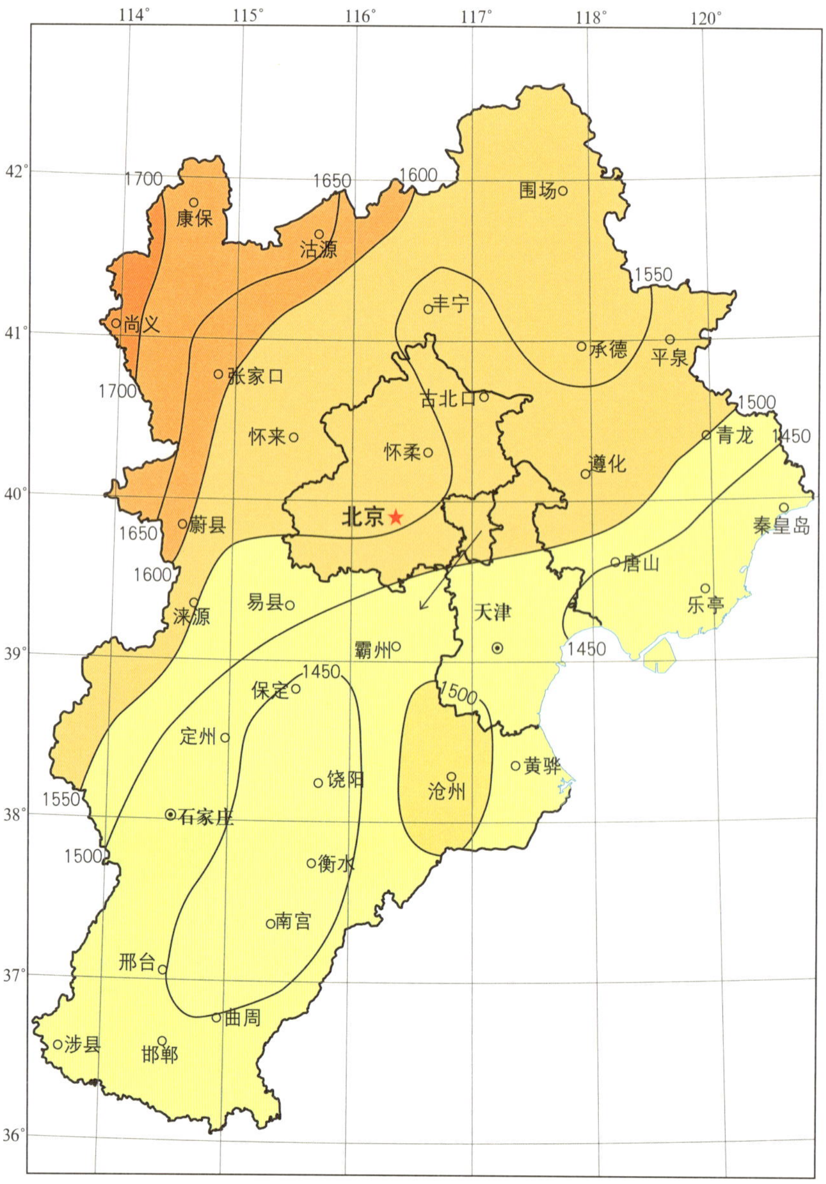

图 3-18　河北太阳能资源分布

建设情况

2022 年，河北光伏发电行业继续保持高速增长势头，光伏发电新增装机容量达到 934 万千瓦，同比增长 28%，约占全国新增装机的 10.7%。其中，集中式光伏新增装机容量 335.3 万千瓦，同比增长 57%；分布式光伏新增装机容量 598.7 万千瓦，同比增长 16%，在全省新增装机中占比 64%。截至 2022 年底，全省累计装机容量 3855 万千瓦，同比增长 32%，居全国第二位。其中，集中式光伏 1994 万千瓦，连续 2 年居全国首位；分布式光伏 1861 万千瓦，同比增长 47%。2015—2022 年河北光伏发电装机变化趋势如图 3-19 所示。

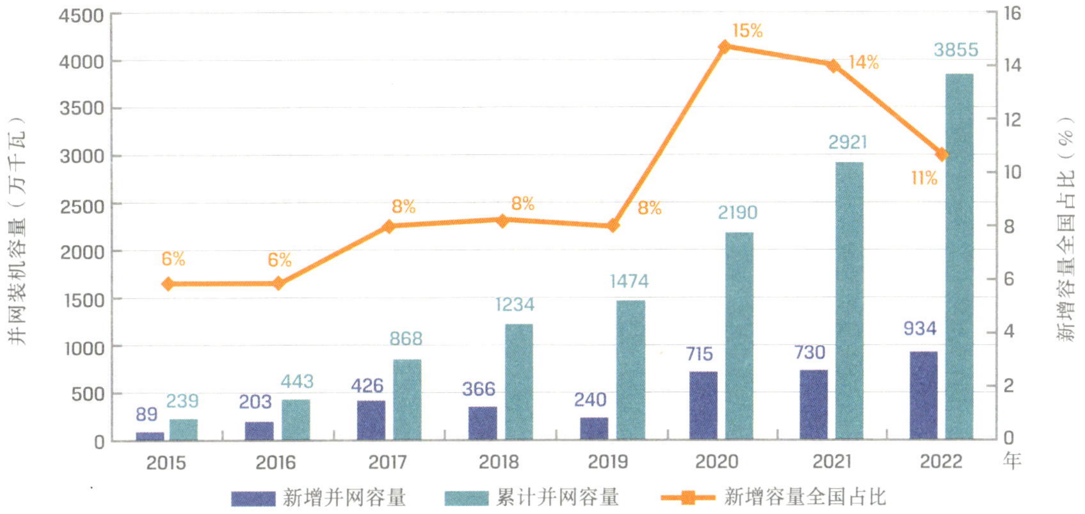

图 3-19　2015—2022 年河北光伏发电装机容量变化趋势

运行情况

2022 年，河北光伏发电量约 443 亿千瓦时，同比增长 59%（见图 3-20）。其中，集中式光伏发电量约 241 亿千瓦时，同比增长 46%；分布式光伏发电量约 202 亿千瓦时，同比增长 78%。光伏发电年利用小时数 1306 小时，同比增加 144 小时。河北省电力消纳条件总体良好，光伏发电利用率超过 98%。

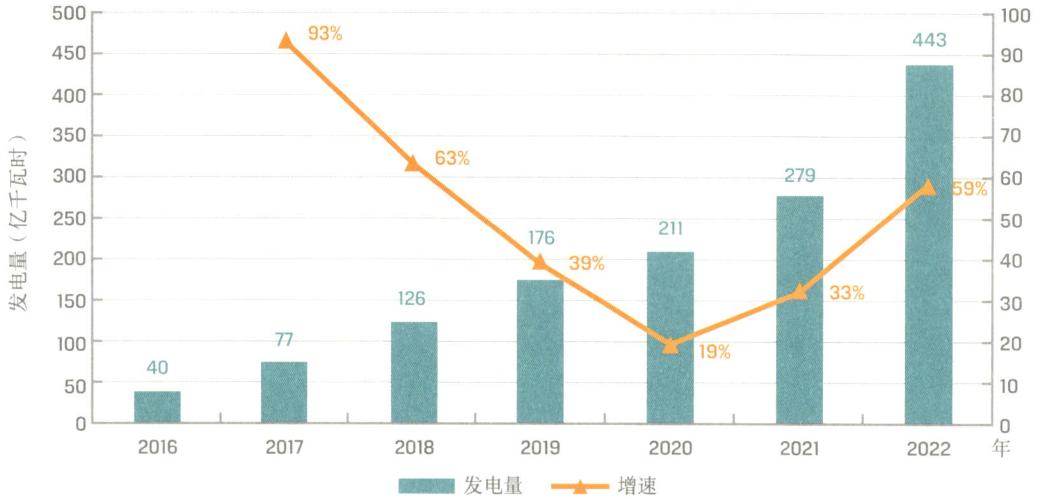

图 3-20　2016—2022 年河北光伏发电量变化趋势

(3) 河南省

• 资源状况

河南属 Ⅲ 类太阳能资源区，年太阳辐射总量在 1300~1400 千瓦时 / 米 ^{2}，年日照时数为 1953~2644 小时，资源分布平均。多年平均光伏等效满负荷利用小时数在 900~1100 小时。从全省年平均太阳总辐射的区域分布看，从南向北逐渐增加，东北部如商丘等地区太阳能资源相对较为丰富（见图 3-21）。

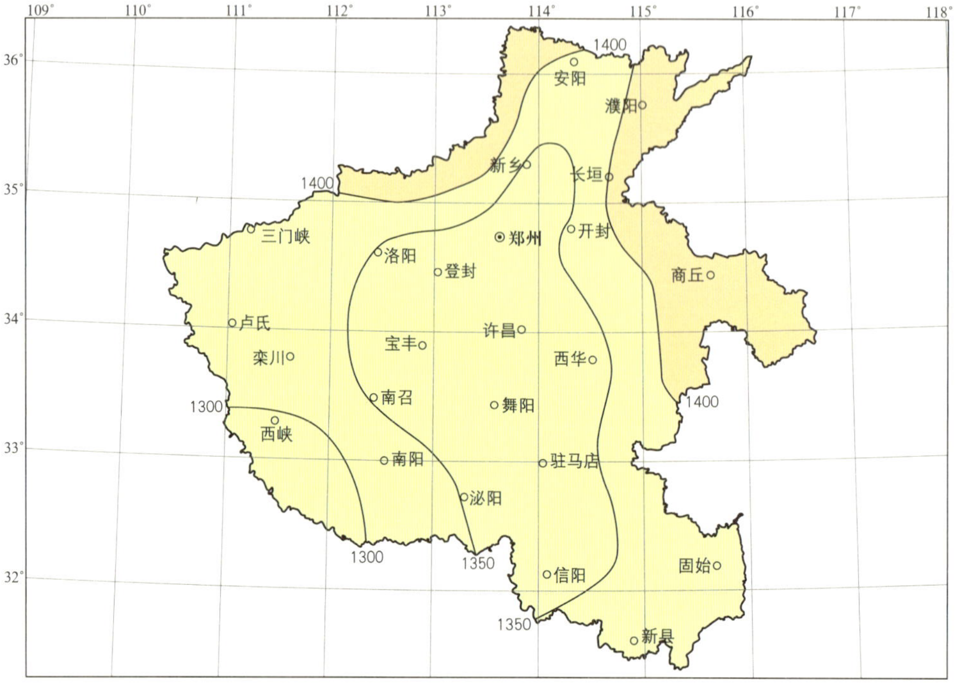

图 3-21　河南太阳能资源分布

建设情况

2022 年，河南光伏发电新增装机容量为 778 万千瓦，同比增长 104%，约占全国新增装机的 8.9%。其中，分布式光伏新增装机容量 774 万千瓦，同比增长 116%，居全国首位，在全省新增装机中占比约 99.6%；集中式光伏新增装机容量 3 万千瓦。截至 2022 年底，全省累计装机容量 2333 万千瓦，同比增长 50%。其中，集中式光伏 629 万千瓦，在全省累计装机中占比 27%；分布式光伏 1704 万千瓦，同比增长 83%，在全省累计装机中占比 73%。2015—2022 年河南光伏发电装机变化趋势如图 3-22 所示。

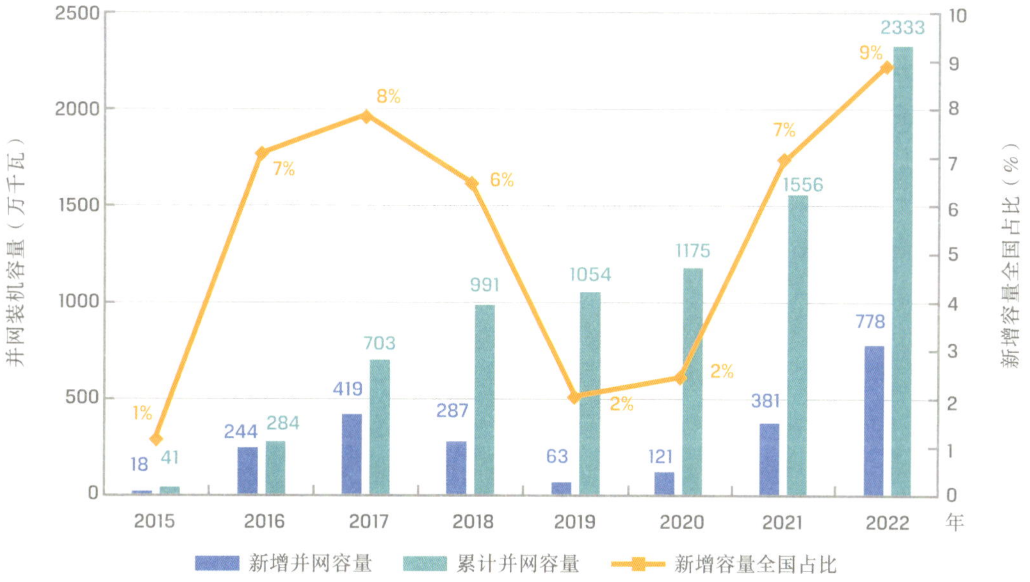

图 3-22　2015—2022 年河南光伏发电装机容量变化趋势

运行情况

2022 年，河南光伏发电量约 206 亿千瓦时，同比增长 51%（见图 3-23）。其中，集中式光伏发电量约 66 亿千瓦时，同比增长 2%；分布式光伏发电量约 140 亿千瓦时，同比增长 96%。光伏发电年利用小时数 1086 小时，同比增加 53 小时。

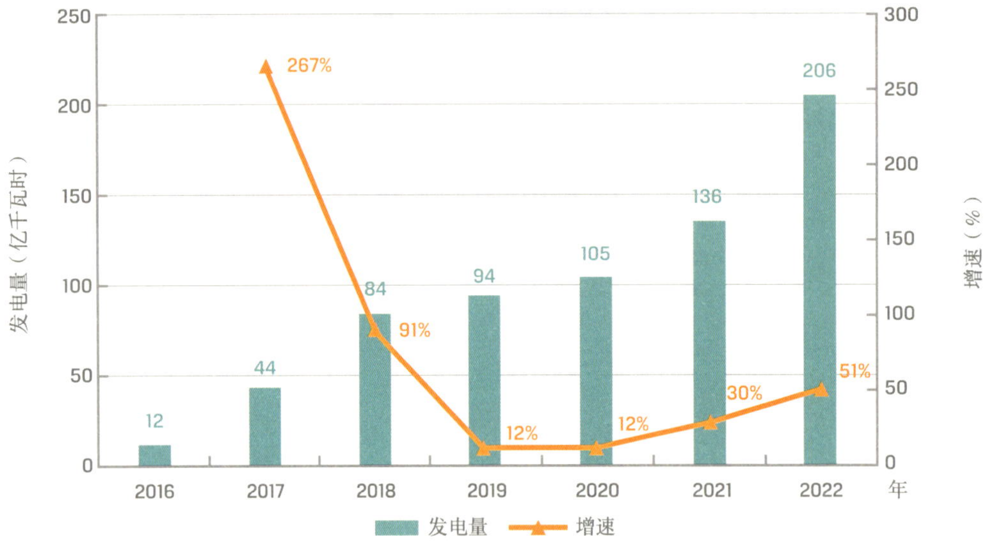

图 3-23　2016—2022 年河南光伏发电量变化趋势

3.5　分布式光伏

分布式光伏装机量及发电量占比加速提升。截至 2022 年底，全国分布式光伏累计装机突破 1.5 亿千瓦，较 2013 年增长 41 倍，占光伏发电装机的 40%、新能源发电装机的 20%，分别比 2013 年提升 20 个、16 个百分点。2022 年，全国分布式光伏新增装机 5111 万千瓦，连续两年超过集中式光伏电站、光伏发电新增装机的 58%、新能源发电新增装机的 40%，分别比 2013 年提升 46 个、35 个百分点；分布式光伏年发电量达到 1436 亿千瓦时，占光伏发电量的 34%、新能源发电量的 10%，分别比 2013 年提升 24 个、10 个百分点（见图 3-24 和图 3-25）。

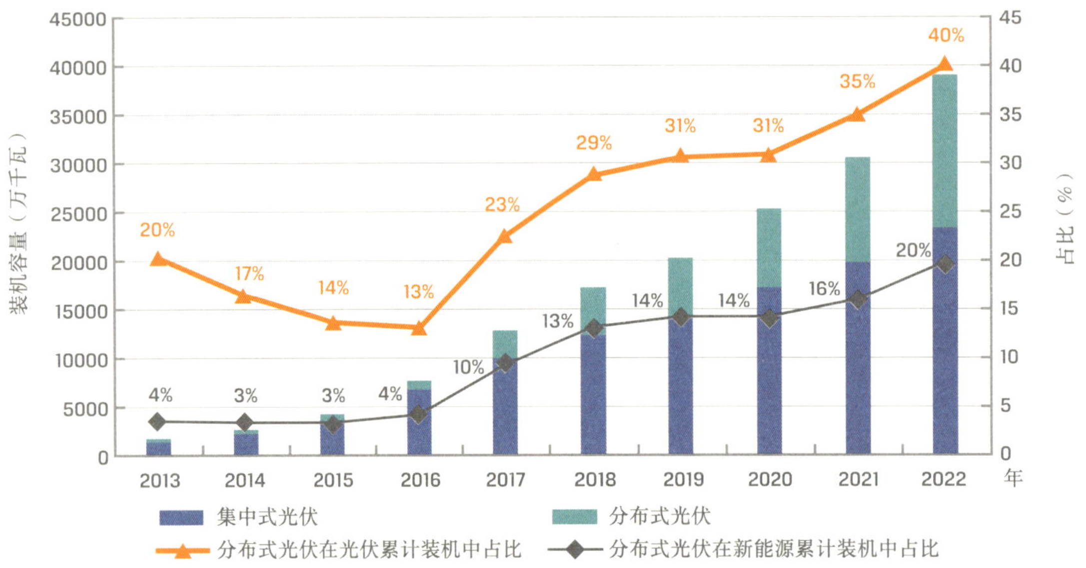

图 3-24　2013—2022 年分布式光伏累计装机占比变化趋势

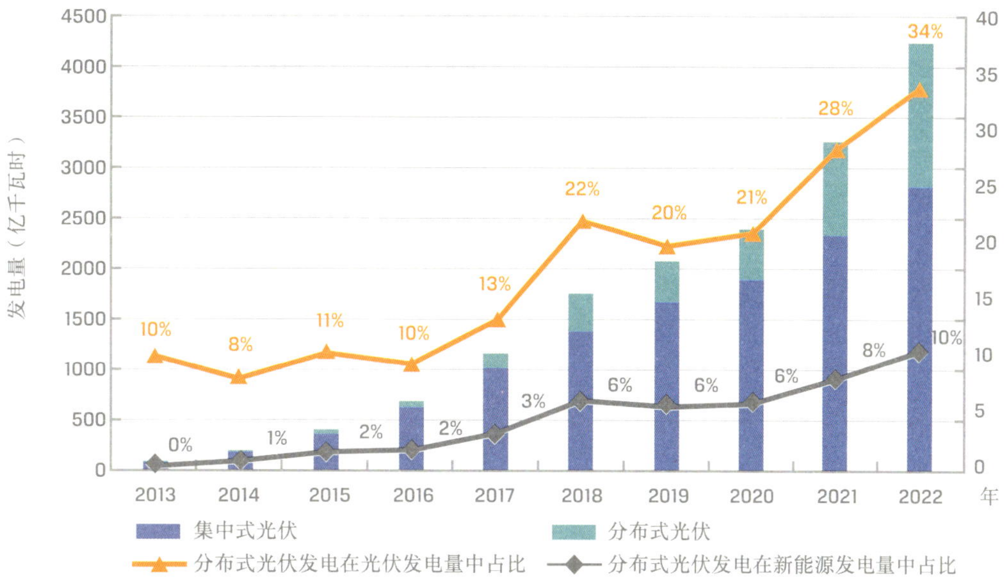

图 3-25　2013—2022 年分布式光伏发电量占比变化趋势

2022 年分布式光伏发电月度新增装机变化趋势见图 3-26。

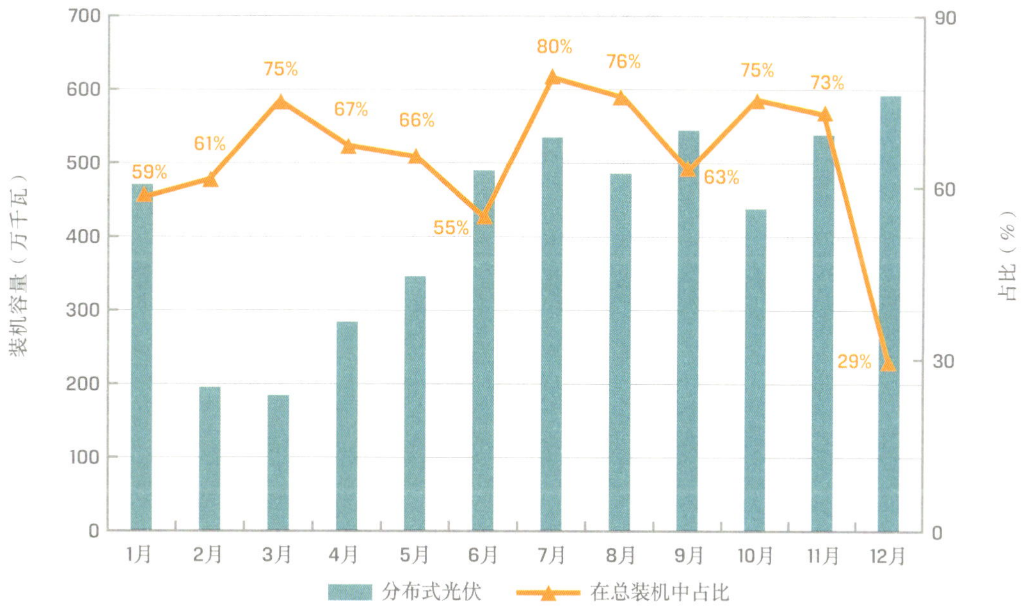

图 3-26　2022 年分布式光伏发电月度新增装机变化趋势

分布式光伏促进开发利用就地化。分布式光伏通过充分发挥屋面资源和土地资源聚集化的关键优势，推动建筑与太阳能发电深度融合发展，不仅实现用能侧的绿色低碳能源供应，而且推动了区域能源多能高效互补，减少用电成本，实现绿色能源“从身边来”，促进就近、就地消纳。得益于资源分布、电力负荷等相对优势，分布式光伏装机主要集中在华北、华东和华中。截至 2022 年底，华北、华东、华中区域的分布式光伏累计装机容量分别达到 5570 万千瓦、5168 万千瓦、2949 万千瓦，合计约占全国分布式光伏发电装机的 87%（见图 3-27）。其中排名前三的山东、浙江、河北三省累计装机容量分别为 3020 万千瓦、1926 万千瓦、1861 万千瓦（见图 3-28），分别占全国分布式光伏装机的 19.2%、12.2%、11.8%。

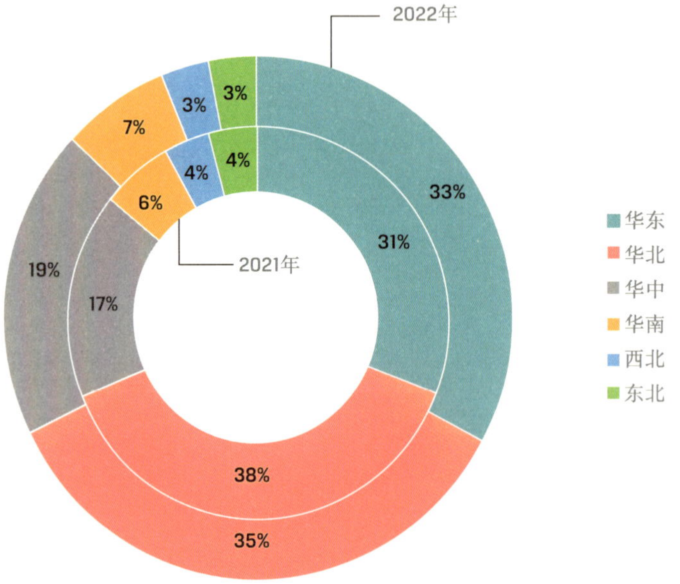

图 3-27　2021—2022 年全国六大区域分布式光伏累计装机占比

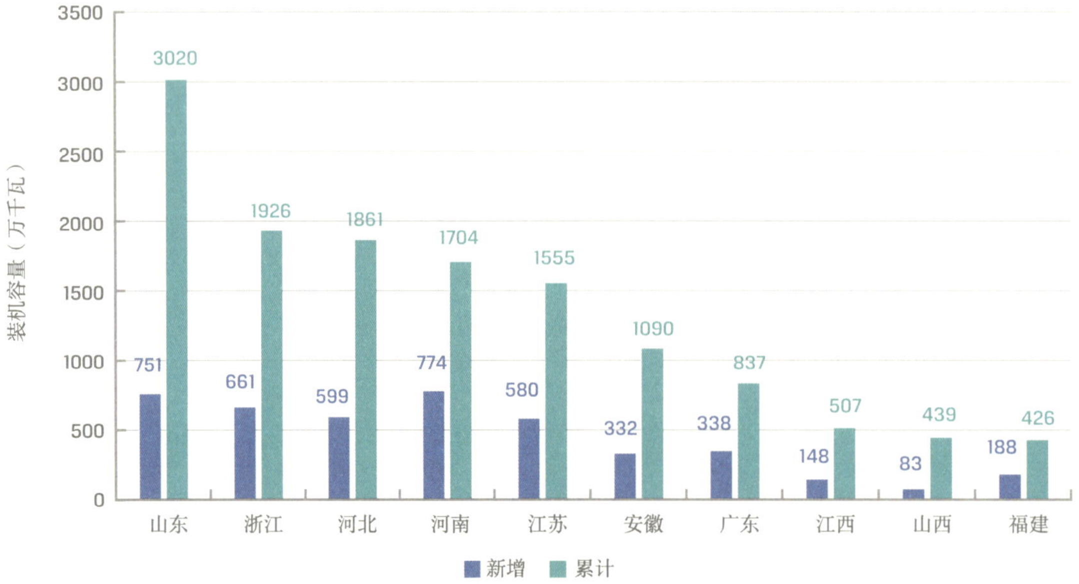

图 3-28　2022 年分布式光伏累计装机前十省（区）装机情况

工商业分布式光伏加快企业绿色发展。分布式光伏改变了企业及园区用电模式，倒逼配电网智能化升级。工商业分布式光伏可充分利用工业企业、工业园区、科技园区等屋顶资源，通过 35 千伏以下配电网接入，与工厂用电系统耦合，自发自用余电上网，提高终端用能的新能源比重，加速企业电力清洁低碳发展。工商业分布式光伏广泛应用促使大量工商业用电主体兼具发电和用电双重属性，不仅推动企业从单向用电向生产与消费兼具的双向互动转变，而且推动配电网持续提升灵活性和承载力，加速智能化改造升级。

截至 2022 年底，工商业分布式光伏累计装机容量 9524 万千瓦，占分布式光伏装机容量的 60%，较 2018 年增长 94%，主要分布于太阳能资源较好、用电需求大和建设条件好的东部省份，其中工业、产业聚集度高的浙江、江苏、山东三省工商业分布式光伏装机居全国前三位，均达到千万千瓦级。

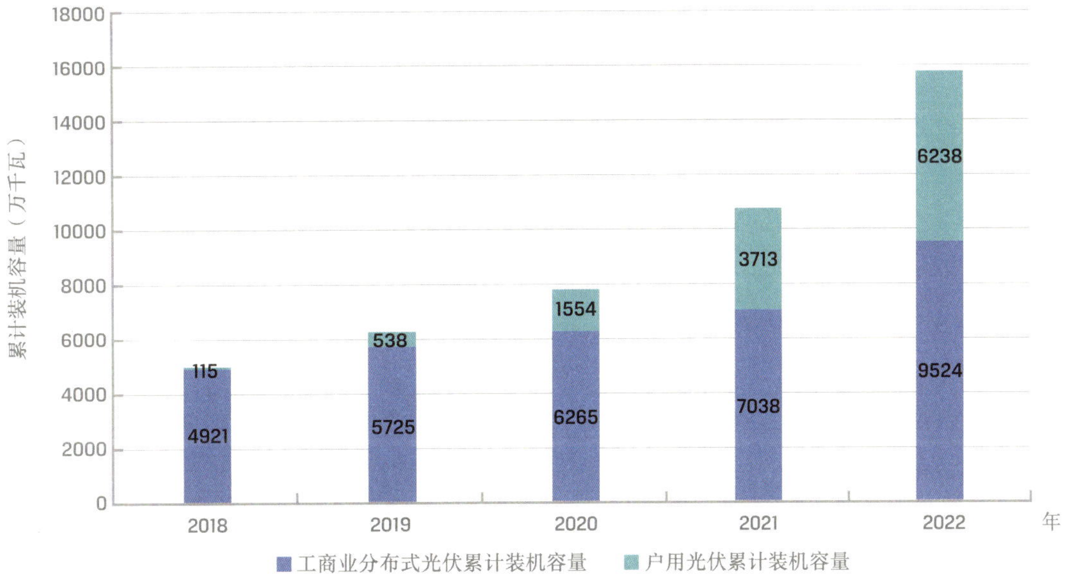

图 3-29　2018—2022 年工商业分布式光伏及户用光伏装机容量情况

户用光伏助力乡村振兴。户用光伏有利于集约利用土地，提高乡村居民收入水平，助力乡村振兴，是光伏发电的优先发展方向。2021 年，国家能源局启动整县屋顶分布式光伏开发试点工作，户用光伏作为从脱贫攻坚到乡村振兴有效衔接的重要措施，进一步推动农村地区分布式光伏发电发展。

截至 2022 年底，户用光伏累计装机达到 6328 万千瓦，为 2018 年的 54 倍，约 275 万户。户用光伏 2020 年以来增长较快，近 3 年新增装机约占户用光伏累计装机的 91%，主要分布于光资源丰富、人口密集、屋顶资源丰富的中东部地区，其中山东、河北、河南、安徽、江苏、山西、江西、福建、湖南、广东户用光伏装机容量居全国前十位，均达百万千瓦级以上。

分布式光伏单套装机规模提升，促进厂房屋面资源集约化利用率上升。受益于大尺寸、高功率组件产品的应用，分布式光伏发电项目的平均单套装机规模持续提升，通过提高单位面积发电量，促进厂房屋面资源集约利用率不断上升。以 2019—2022 年户用光伏项目情况为例，据可再生能源发电建档立卡平台数据，从单套平均装机规模变化情况来看，2022 年全国户用光伏新增装机的单户规模平均约 24.87 千瓦，相较于 2019 年增长 65%；从单户功率分段中户数占比来看，约 34.85% 的户用光伏功率在 10~20 千瓦；从单户功率分段中项目容量占比来看，截至 2022 年底，约 33.56% 的户用光伏发电功率在 20~30 千瓦（见图 3-30、表 3-3）。

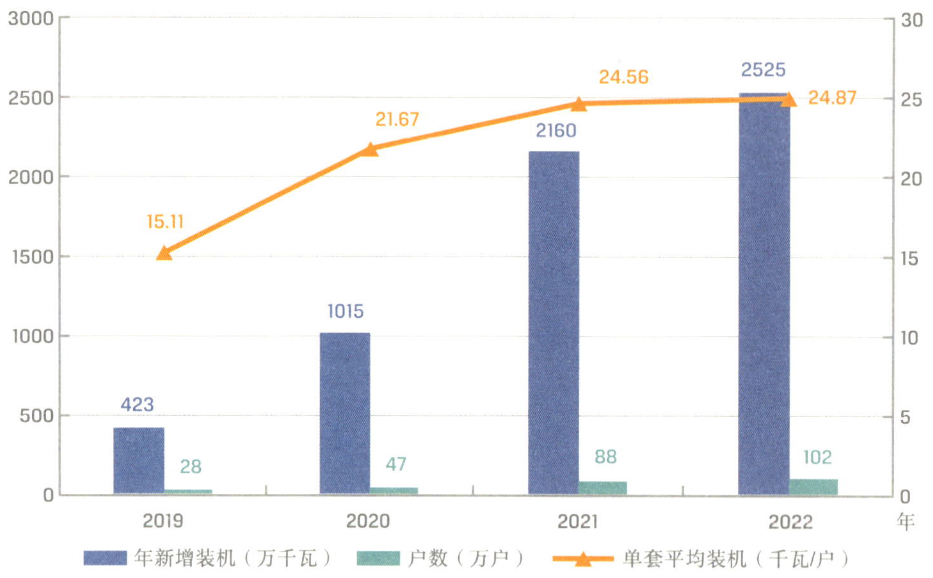

图 3-30　2019—2022 年户用光伏单套平均装机变化情况

表 3-3　截至 2022 年底户用光伏单户功率分段分布情况

单户功率分段	户数占比	容量占比
0~10 千瓦	11.26%	3.60%
10.01~20 千瓦	34.85%	23.39%
20.01~30 千瓦	31.15%	33.56%
30.01~40 千瓦	14.28%	21.32%
40.01~50 千瓦	7.63%	15.15%
50.01~60 千瓦	0.36%	0.86%
60.01~70 千瓦	0.15%	0.41%

续表

单户功率分段	户数占比	容量占比
70.01~80 千瓦	0.12%	0.39%
80.01~90 千瓦	0.06%	0.21%
90.01~100 千瓦	0.08%	0.32%
100 千瓦 +	0.08%	0.80%

3.6 市场交易

1 电力市场交易

光伏发电等新能源发电量主要分成两部分：一是保障性收购电量，为《关于做好风电、光伏发电全额保障性收购管理工作的通知》（发改能源〔2016〕1150 号）核定的部分地区规划内的风电、光伏发电最低保障收购年利用小时数（即保障利用小时数）电量，以燃煤基准价或中标电价结算，保量保价。二是市场交易电量，包括中长期交易电量和现货交易电量，以交易价格结算，保量不保价。

新能源市场化交易分为省内交易和跨省跨区交易，参与方式主要包括电力中长期交易、发电权交易、辅助服务市场交易等，交易类型包括大用户直供交易、跨省跨区外送交易、风火置换交易、风电清洁供暖交易、电力现货交易及其他交易。开展新能源电力市场化交易的省份主要为新能源发电消纳存在一定压力的省份或地区，包括新疆、甘肃、宁夏、青海、内蒙古及山西等地。

新能源参与电力市场化交易占比逐年提升。2020 年我国约有 25% 的新能源电量参与电力市场化交易，2021 年新能源参与市场化交易电量占比 27%，2022 年占比提升至 34%。其中，国网经营区新能源市场化交易电量 3465 亿千瓦时，同比增长 62%，占国网新能源消纳电量的 38.2%（见图 3-31）。

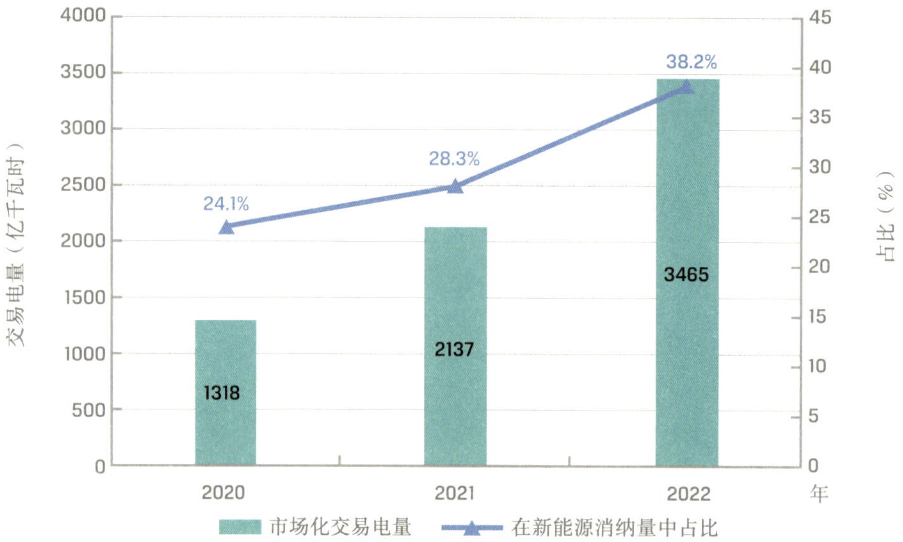

图 3-31　2020—2022 年国网经营区新能源市场化交易电量情况

2 绿证交易

绿色电力证书（简称绿证）是可再生能源电量绿色属性的证明，也是认定可再生能源电力生产、消费的唯一凭证。发电企业通过出售绿证获取绿色电力的环境价值收益，用户通过购买并持有绿证证明其消费绿色电力。国家可再生能源信息管理中心负责风电、光伏发电企业的绿证核发工作。绿证交易价格主要通过市场形成，其中补贴绿证价格按照不高于证书对应电量的可再生能源电价附加资金补贴金额，由买卖双方自行协商或者通过竞价确定。

绿证自愿认购的具体交易模式可分为“单独出售”和“物理电量与绿证打捆出售”两种。其中，“单独出售”模式下绿证和物理电量分别完成交易，有绿色消费需求的买方（即使是非电用户）可通过绿证认购平台购买绿证，绿证对应的发电量可等同燃煤火电等常规电力参与电力市场交易；“物理电量与绿证打捆出售”模式下绿证和物理电量一起完成交易，绿证随物理电量一并流转至电力用户，在合同中同时明确物理电量和绿证交易价格，并在实际物理电量结算时完成绿证交割，即绿电交易（见图 3-32）。

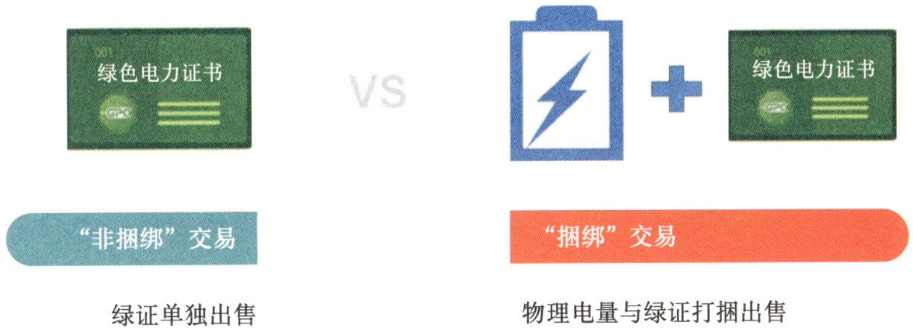

图 3-32　绿证交易模式

2022 年，国家可再生能源信息管理中心全年核发绿证 2060 万个，对应电量 206 亿千瓦时，同比增长 135%；交易数量达到 969 万个，对应电量 96.9 亿千瓦时，同比增长 15.8 倍，其中，通过绿证自愿认购市场开展的绿证交易数量 385 万个，通过绿电交易开展的绿证交易数量 584 万个。截至 2022 年底，全国累计核发绿证约 5954 万个，累计交易数量 1031 万个，其中，通过绿证自愿认购市场开展的绿证交易数量 447 万个，通过绿电交易开展的绿证交易数量 584 万个。

3.7 投资成本

1 总投资同比上升

2022 年，在“碳达峰、碳中和”目标引导下，光伏发电社会关注度不断提高，金融环境明显改善，受益于新增规模的持续性增长，我国光伏发电投资总体呈上升趋势。2022 年，光伏发电新增投资规模约 3411 亿元，同比上升 58%，其中，集中式光伏电站新增投资约 1499 亿元，分布式光伏新增投资约 1912 亿元。

2 单位投资成本略有下降

近年来，我国光伏电站投资成本均呈下降趋势，自 2021 年至 2022 年底，由于产业链价格波动，系统成本及组件价格也出现较大浮动，总体来看，光伏组件全年平均价格约 1.95 元 / 瓦，与上年相比基本持平，组件成本约占总投资的 47%（见图 3-33），同比提升 1.1 个百分点，仍是最主要的构成部分；集中式光伏电站单位千瓦造价约 4130 元（见图 3-34），同比下降 0.5%；分布式光伏单位千瓦造价约 3740 元，同比持平。

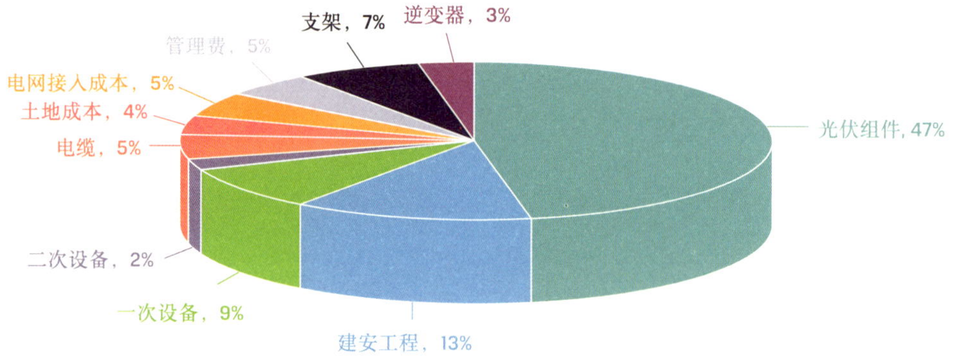

图 3-33　2022 年集中式光伏发电典型项目造价构成

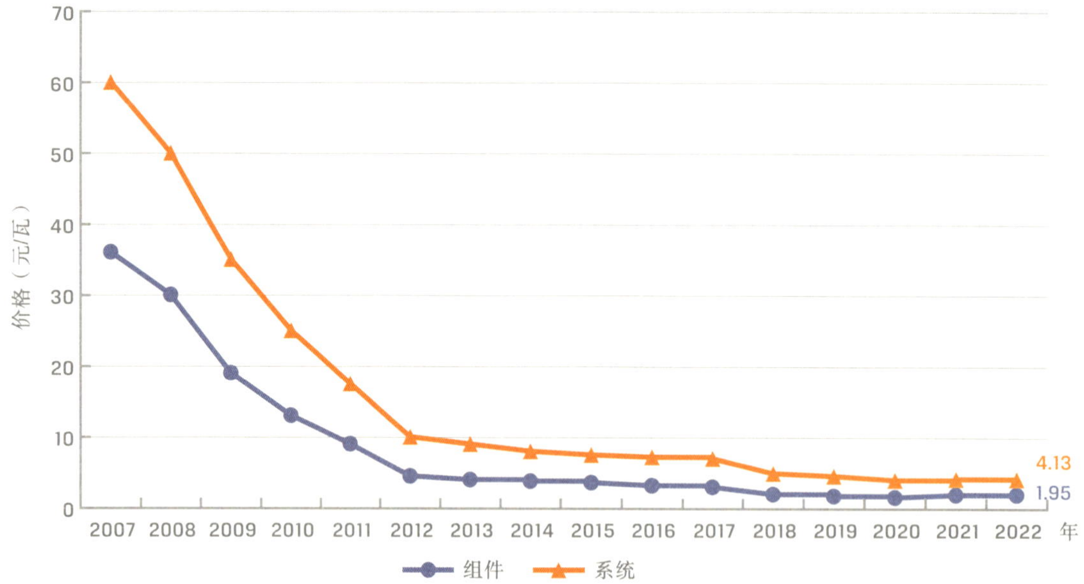

图 3-34　2007—2022 年组件及集中式光伏电站单位造价变化趋势

4 产业发展篇
Industry Development

4.1 产业规模

尽管受到供应链价格波动、外部环境复杂严峻和不确定性增多等不利因素影响，但在国内外市场需求驱动下，2022 年中国光伏发电产业制造规模仍持续扩大，多晶硅产量达到 85.7 万吨，同比增长 69.4%，增幅最大；硅片产量约为 371.3 吉瓦，同比增长 63.9%；电池片产量为 330.6 吉瓦，同比增长 67.1%；组件产量为 294.7 吉瓦，同比增长 62.1%（见表 4-1）。

表 4-1 2022 年中国光伏产品产量及增长情况

	多晶硅	硅片	电池片	组件
产量	85.7 万吨	371.3 吉瓦	330.6 吉瓦	294.7 吉瓦
增长率	69.4%	63.9%	67.1%	62.1%

4.2 进出口情况

2022 年，我国光伏产品出口总额约 513 亿美元，同比增长 80.3%。其中，硅片出口额 51 亿美元，出口量约 36.3 吉瓦，同比增长 60.8%；电池片出口额 38 亿美元，出口量约为 23.8 吉

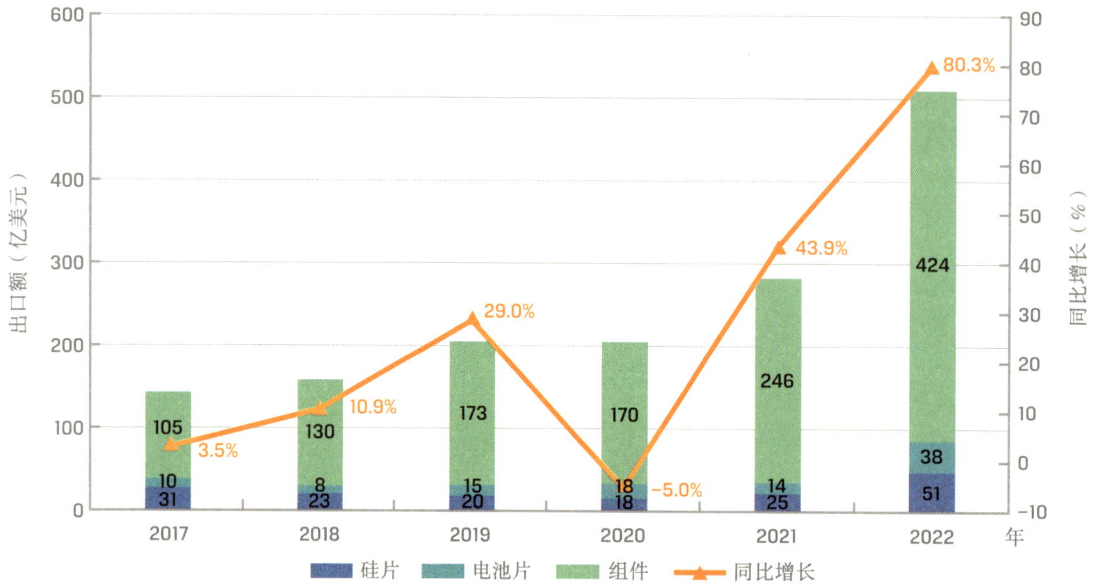

图 4-1 2017—2022 年光伏产品出口额及其增长情况

瓦，同比增长 130.7%。在全球能源转型、绿色低碳转型大势所趋，海外光伏发电市场需求不断增长的大背景下，组件出口额和出口量均创历史新高，出口额 424 亿美元，同比增长 72.1%；出口量约 153.6 吉瓦，同比增长 55.8%（见图 4-1 和图 4-2）。在多晶硅进口方面，2022 年，我国太阳能级多晶硅进口额约 25.8 亿美元，同比增长 38%；进口量约 8.7 万吨，同比下降 20.9%。

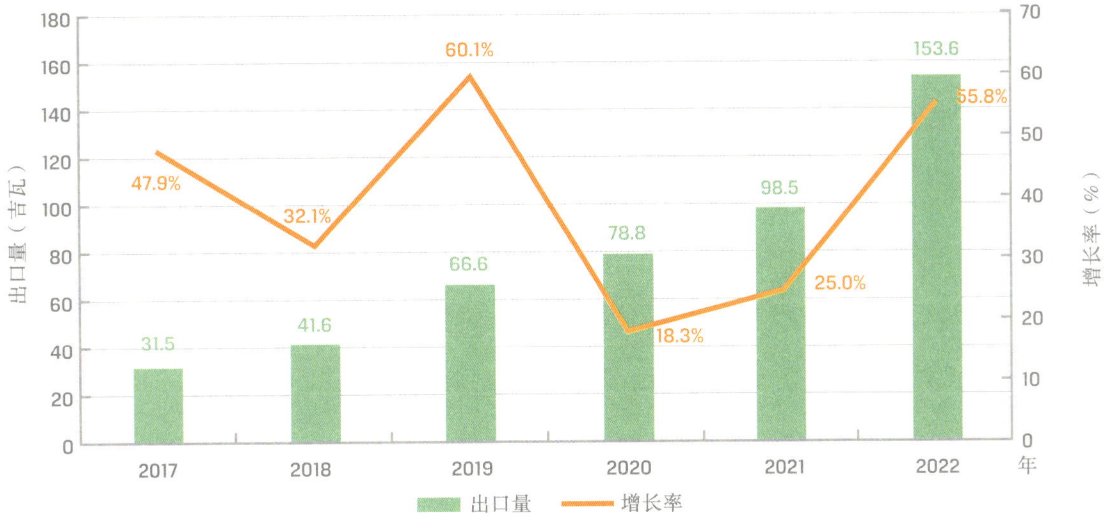

图 4-2　2017—2022 年光伏组件出口量及增长率

分地区看，2022 年光伏产品出口到各大洲市场均有不同程度的增长，其中欧洲市场增幅最大，同比增长 114.9%，约占出口总额的 46%，占比继续提高，是中国最主要的出口市场；其次是亚洲，出口额同比增长 67.7%；美洲居第三位，出口额同比增长 54.1%（见图 4-3）。

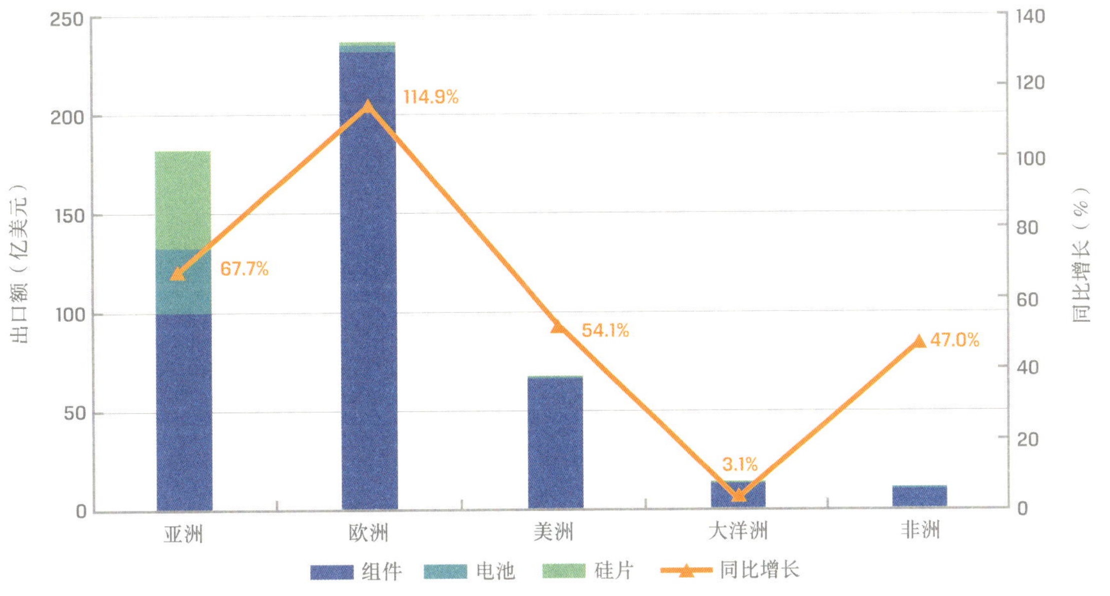

图 4-3　2022 年光伏产品出口各大洲情况

4.3 技术创新

产业升级。多晶硅方面，生产能耗显著降低，行业平均综合电耗已降至每千克多晶硅 60 千瓦时，同比下降 4.8%，平均还原电耗为每千克多晶硅 44 千瓦时，同比下降 3.3%。颗粒硅产业化规模有所扩大，由于生产工艺的改进和下游应用的拓展，2022 年颗粒硅市占率达到 7.5%，同比提升 3.4 个百分点。硅片方面，大尺寸和薄片化发展趋势明显。182 毫米和 210 毫米尺寸的硅片合计占比已增长至 82.8%；p 型单晶硅片平均厚度达到 155 微米，较 2021 年下降 15 微米；n 型 TOPCon 单晶硅片平均厚度达到 140 微米，HJT 单晶硅片平均厚度达到 130 微米。此外，由于热场尺寸以及拉棒数的增加，2022 年拉棒单炉投料量达到 3100 千克，同比增长 10.7%。电池片方面，规模化生产的 p 型 PERC 电池片平均转换效率已达到23.2%，同比提高0.1 个百分点；n型TOPCon电池平均转换效率达到24.5%（见图4-4），异质结电池平均转换效率达到 24.6%。组件方面，不同类型组件功率进一步提升，行业龙头企业通过布局大尺寸电池、高功率组件进一步降低系统度电成本，大尺寸、高功率组件市场占比快速提高，如采用 182 毫米尺寸 72 片的 PERC 单晶电池的组件功率达到 550 瓦，同比提升 5 瓦，同时随着下游应用端对于双面发电组件发电增益的认可，双面组件市场占有率达到 40.4%，同比提升 3 个百分点。

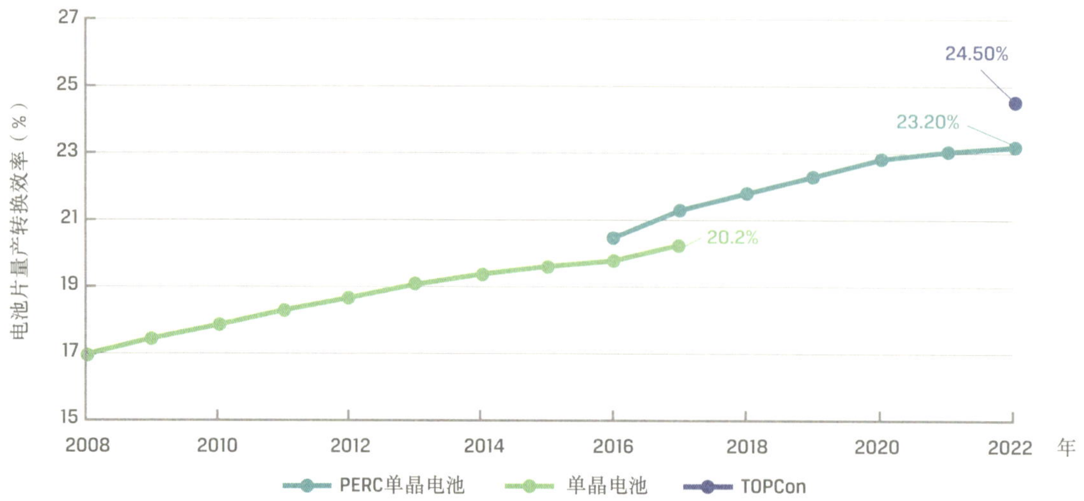

图 4-4　2008—2022 年中国光伏电池片量产平均转换效率变化情况

技术研发。2022 年，我国企业 / 研究机构晶硅电池实验室效率打破纪录 14 次（其中 10 次为 n 型电池技术），并取得了 26.81% 的全球硅基太阳能电池效率的最高纪录。目前，我国 n 型 TOPCon、HJT、p 型单晶 TOPCon 的实验室最高转换效率已经分别达到 26.4%、26.81%、25.19%（见图 4-5）。

图 4-5　2014—2022 年我国光伏电池实验室平均转换效率刷新纪录情况

4.4　产品价格

光伏供应链产品价格普遍上涨。自 2022 年初开始，受光伏产业链供需矛盾影响，多晶硅价格不断攀升，从 230 元 / 千克上涨至 303 元 / 千克，涨幅超过 31%；11 月底，随着多晶硅新建产能逐步释放，供需矛盾缓解，光伏制造端各环节价格出现回落。2022 年我国多晶硅、单晶硅片、PERC 单晶硅太阳能电池及光伏组件的价格变化如图 4-6 至图 4-9 所示。

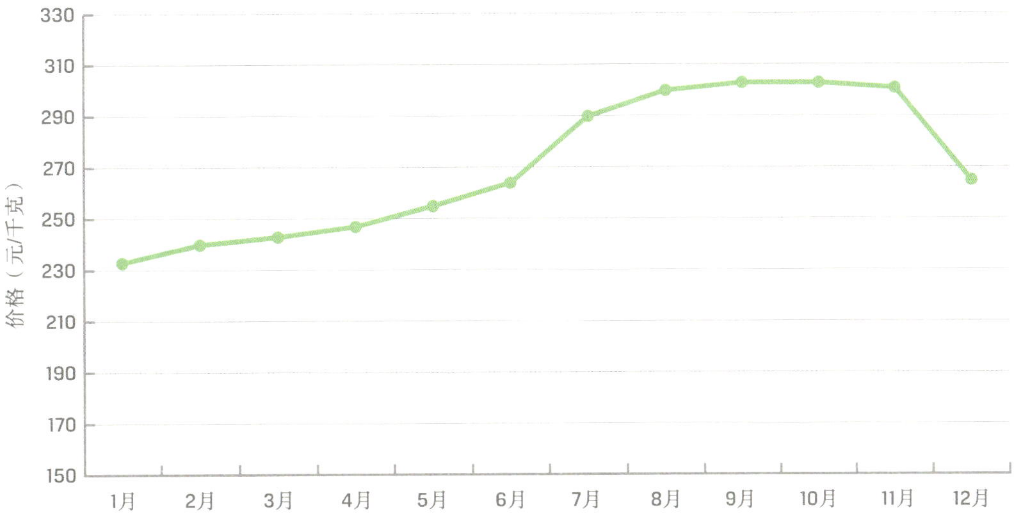

图 4-6　2022 年多晶硅价格变化情况

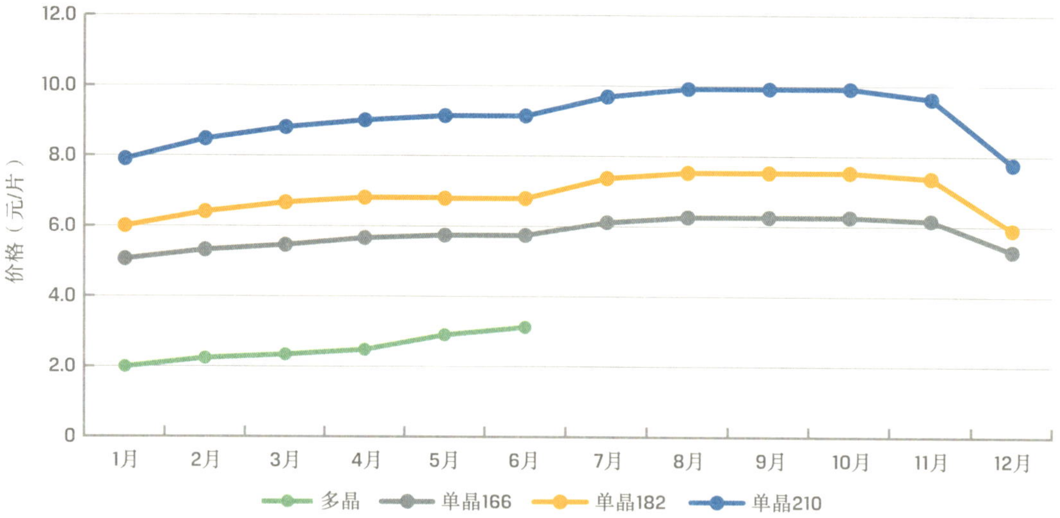

图 4-7　2022 年硅片价格变化情况

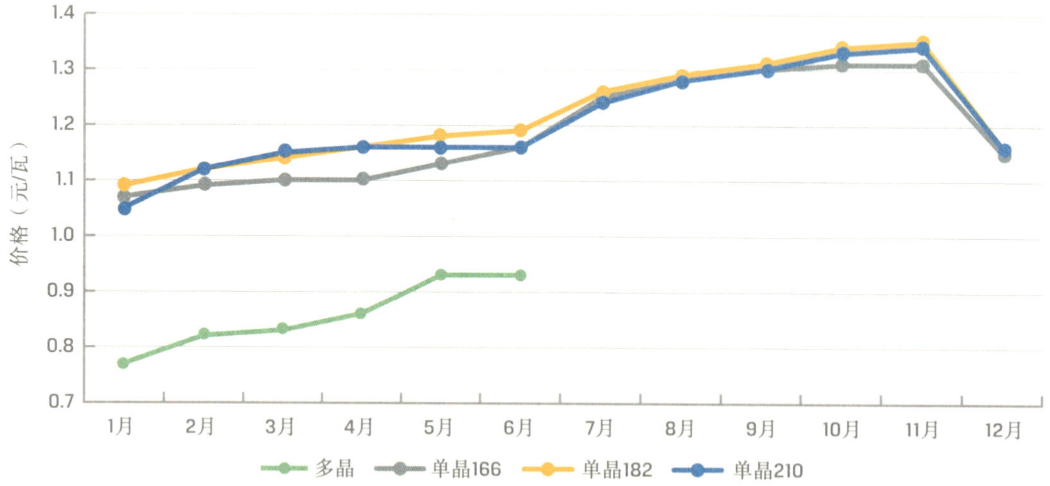

图 4-8　2022 年电池片价格变化情况

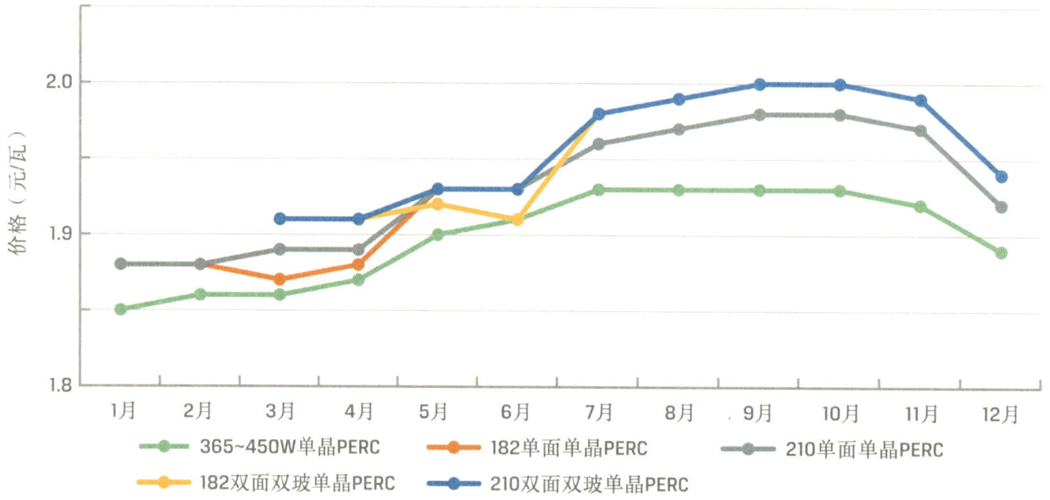

图 4-9　2022 年组件价格变化情况

5　国际合作篇
International Cooperation

5.1 全球光伏概述

2022 年，全球光伏发电装机规模持续扩大，新增装机 19145 万千瓦，同比增长 36%。截至 2022 年底，全球光伏发电累计装机 10.47 亿千瓦，同比增长 22%（见图 5-1）。

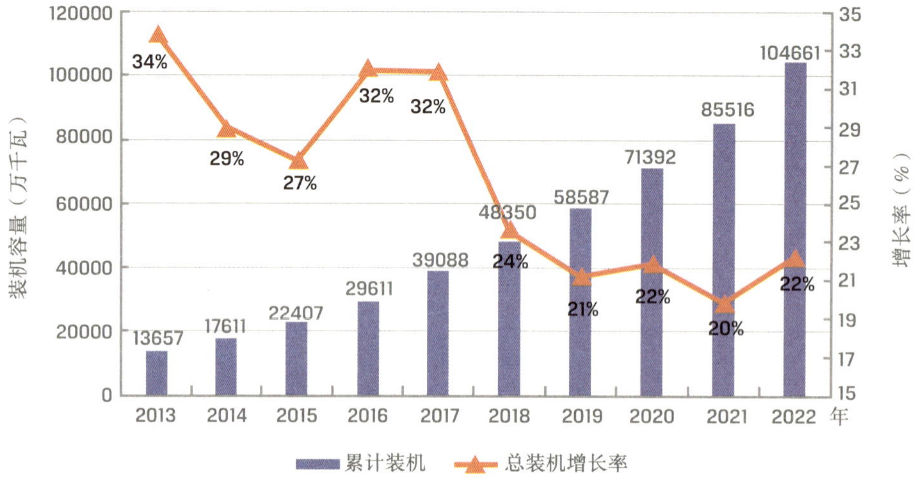

图 5-1　2013—2022 年全球光伏装机增长情况

从区域分布来看，截至 2022 年底，亚洲光伏发电累计装机容量达到 59653 万千瓦，占全球装机比重 57%，居全球首位；欧洲累计装机容量 22548 万千瓦，占全球装机比重 22%，居全球第二位；北美洲累计装机容量 12495 万千瓦，占全球装机比重 12%，居全球第三位（见图 5-2）。

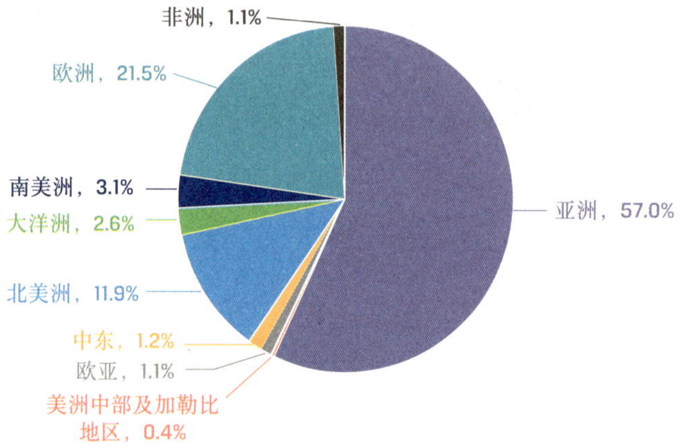

图 5-2　2022 年全球光伏装机占比区域分布

5.2 装备制造合作

2022 年，中国光伏发电制造企业在海外布局超过 150 吉瓦产能。其中，硅片产能达到 22 吉瓦，电池片产能超过 50 吉瓦，组件产能超过 59 吉瓦，逆变器、支架、光伏玻璃等其他环节布局产能超过 25 吉瓦。我国光伏发电制造企业出海的目的地主要集中在东南亚国家，排名前四的国家为越南、马来西亚、泰国、柬埔寨。

2015—2022 年中国光伏电池 / 组件企业海外产能布局情况见图 5-3。

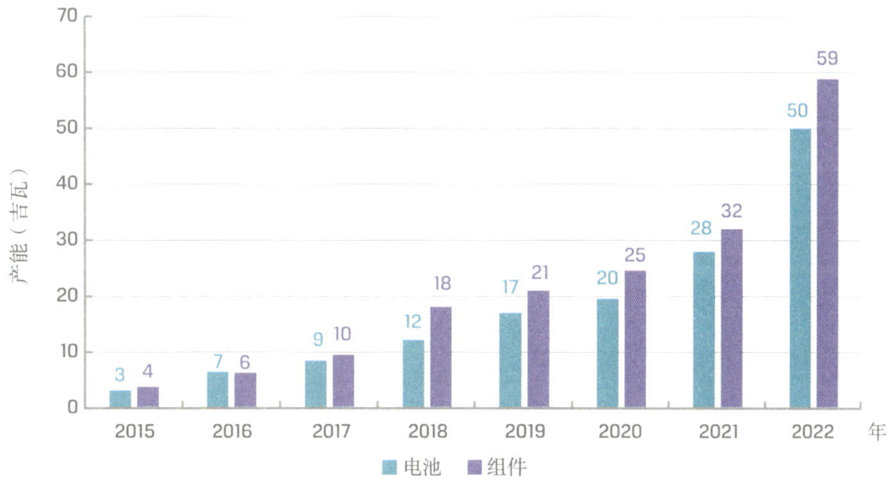

图 5-3　2015—2022 年中国光伏电池 / 组件企业海外产能布局情况

5.3 国际标准参编

截至 2023 年 3 月，IEC/TC82 正式发布的现行标准共计 144 项（含 TS、TR 文件）。其中，基础通用标准 1 项、光伏材料标准 18 项、电池和组件标准 62 项（含聚光型光伏组件 9 项）、光伏部件标准 20 项、光伏系统标准 41 项（其中农村电气化和混合系统系列标准有 22 项）、光伏应用标准 2 项。IEC/TC82 标准项目中，由我国主导并发布的国际标准 / 文件共 12 项，含国际标准（IS）4 项、技术规范（TS）6 项、技术报告（TR）1 项、修正案（AMD）1 项（见表 5-1）。

截至 2023 年 3 月，IEC/TC82 在研标准项目（含修订项目和修改项目）共计 59 项。其中，基础通用标准 1 项、光伏材料标准 6 项、电池和组件标准 20 项（含聚光型光伏组件 4 项）、光伏部件标准 21 项、光伏系统标准 9 项（含农村电气化小型可再生能源和混合系统系列标准 2 项）、光伏应用标准 2 项。在研项目中，由我国牵头编制或修订的在研项目共 6 项（见表 5-2）。

表 5-1　中国牵头制定的现行 IEC 标准 / 文件

序号	标准编号	标准名称
1	IEC 62788-1-6：2017	光伏组件用材料测试程序　第 1-6 部分： 封装材料　光伏组件用乙烯 - 醋酸乙烯共聚物交联度测试方法
2	IEC 62805-1：2017	光伏（PV）玻璃测试方法　第 1 部分：总雾度和雾度分布测量
3	IEC 62805-2：2017	光伏（PV）玻璃测试方法　第 2 部分：透光比和反射比测量
4	IEC TR 63149：2018	光伏（PV）电站土地利用　数学模型和计算实例
5	IEC 63202-1：2019	光伏电池　第 1 部分：晶体硅光伏电池光致衰减的测量
6	IEC TS 62910：2020	并网光伏逆变器　低电压穿越测试程序
7	IEC TS 63217：2021	并网光伏逆变器　过电压穿越测试程序
8	IEC TS 63202-2：2021	光伏电池　第 2 部分：晶体硅太阳电池光致发光图像
9	IEC TS 63349-2：2022	光伏直驱电器控制器　第 2 部分：操作模式和显示示例
10	IEC TS 63202-4：2022	光伏电池　第 4 部分：晶体硅光伏电池光热诱导衰减的测量
11	IEC 60904-5：2011/ AMD1：2022	修正案：光伏器件　第 5 部分： 用开路电压法确定光伏（PV）器件的等效电池温度（ECT）
12	IEC TS 63202-3：2023	光伏电池　第 3 部分：双面光伏电池电流 - 电压特性的测量

表 5-2　我国牵头制定的在研 IEC 标准 / 文件

序号	标准编号	标准名称
1	IEC TS 62788-8-1	晶体硅光伏组件用导电胶（ECA）测试程序　第 8-1 部分：材料特性测量
2	IEC TS 62446-4	光伏（PV）系统测试、文件和维护要求　第 4 部分：光伏方阵的电致发光测试
3	IEC 63349-1	光伏直驱电器控制器　第 1 部分：通用要求
4	IEC TS 63202-6	光伏电池　第 6 部分：晶体硅太阳电池水煮试验
5	IEC TS 63371-1	光伏（PV）电池用材料　第 1 部分：晶体硅硅片电性能技术规范
6	IEC 62817-1	太阳光伏跟踪系统　第 1 部分：平单轴跟踪系统设计鉴定

6 形势与展望篇
Situation and Prospect

2023 年是全面贯彻党的二十大精神开局之年，也是“十四五”规划落地实施的关键一年，光伏发电行业作为能源绿色低碳转型的中坚力量，将面临新的形势与挑战。

6.1 面临形势

1 全球光伏发电市场保持高速增长态势

随着技术水平和经济性大幅提升，以光伏发电、风电为代表的新能源发电行业实现跃升式发展，在能源体系中的地位不断提高。近年来，全球光伏发电装机规模不断扩大。2022 年，全球光伏发电年新增装机容量 19145 万千瓦，同比增长 36%，占比 65%，是全球可再生能源新增装机主力。据国际能源署（IEA）预测，未来五年（2023—2027 年）光伏发电年均新增装机将达到 3 亿千瓦，至 2027 年光伏发电累计装机有望超过煤炭成为世界上最大的电力装机来源。

2 国家重大纲领性政策助推光伏发电高质量跃升发展

2022 年，我国锚定碳达峰碳中和目标，深入贯彻能源安全发展战略，陆续出台了《关于完善能源绿色低碳转型体制机制和政策措施的意见》《关于促进新时代新能源高质量发展实施方案的通知》《“十四五”可再生能源发展规划》等一系列纲领性文件，强化光伏发电行业顶层设计，明确发展目标和实施路径。与此同时，在“以沙漠、戈壁、荒漠地区为重点的大型风电、光伏基地”“整县（市、区）屋顶分布式光伏试点”等支持性政策助推下，光伏发电装机规模不断攀升，年新增装机容量达到 8741 万千瓦，再创历史新高，为新发展阶段光伏发电高质量跃升发展树立了标杆。

3 市场机制和技术进步推动分布式光伏加速发展

智能微网、多能互补、储能、隔墙售电等市场机制和技术进步推动分布式光伏在工业和建筑领域广泛应用。为加快提高终端用能中新能源比重，“发供用”高比例新能源示范试点不断推进。在工业园区、大型生产企业和大数据中心，加快发展分布式光伏，推动厂房建筑与太阳能深度融合发展，实现绿色低碳能源直供园区企业使用，推动工业园区绿色能源多能高效互补，提高区域绿色能源综合利用率；结合增量配电网试点，发展以分布式光伏为主的微电网、直流配电网，扩大分布式光伏终端应用规模；结合“新能源 + 储能”，构建基于高比例新能源的独立供电系统；创新发展新能源直供电、隔墙售电等模式，推动分布式光伏等新能源直接应用。

4 光伏发电参与电力市场化交易存在挑战

随着电力市场化改革的不断深化，光伏发电有序参与电力市场化交易、还原电力商品属性已成为行业大趋势。但是，当前光伏发电参与电力市场化交易仍面临挑战，特别是在经济性方面，光伏发电参与电力现货市场交易面临较大降电价风险，投资收益率将远低于预期，影响项目投资积极性。同时，光伏发电参与辅助服务 / 容量市场、新能源项目配置储能，将进一步增加项目系统成本支出。目前，以绿色电力证书为代表的新能源环境价值补偿机制虽然能够在一定程度上增加项目收益，对冲参与电力市场交易的降电价风险，但当前绿证交易仅依靠自愿市场，成交量较低，交易价格不高，难以形成强有力的用户侧对发电侧的统筹支持体系。

6.2 发展趋势与市场展望

1 光伏发电装机规模将持续扩大

当前，中国是全球光伏发电新增装机的最大贡献者，占比超过 46%，在国家全面落实“双碳”目标和可再生能源“十四五”规划等政策引领下，中国光伏发电行业将进入新一轮高速发展阶段。2023 年，随着以沙漠、戈壁、荒漠地区为重点的大型风电、光伏基地建设推进，多元化分布式光伏开发模式的拓展创新，户用光伏建设规模的不断扩大，各类型复合式光伏项目、综合能源一体化开发项目的开展以及大型海上光伏基地的逐步实施，中国光伏发电装机规模将进一步扩大，预计 2023 年中国新增光伏发电装机规模将达到 1 亿千瓦左右。

2 光伏发电的能源安全供应作用日益凸显

在碳达峰碳中和目标引领下，以光伏发电为代表的新能源发展势头强劲，已经成为我国多元能源供给体系的重要组成部分。当前，光伏发电不仅可以提升高峰时段供电能力，保障电力运行平稳有序，而且可以平抑电力现货市场价格，降低电力用户成本。2022 年，全国大部分地区风电光伏发电平均出力占平均用电负荷的 15% 左右，最高可达 40%。特别是在“迎峰度夏”期间，江苏、山东、浙江等光伏发电装机大省午间用电高峰期间，光伏发电平均出力系数达到 0.5，有力支撑了能源安全供应。未来，随着装机规模逐步扩大，光伏发电等新能源在能源安全供应中发挥的作用也将愈加显著。

3 分布式光伏智慧化发展

随着分布式光伏应用场景不断拓展，分布式智能配电网示范建设项目积极开展。示范项目重点围绕分布式新能源并网消纳、边远地区供电保障、工商业园区个性化用能需求等典型场景，提升分布式新能源可控可调水平，完善源网荷储多元要素互动模式，满足更高比例分布式新能源消纳需求，推动局部区域电力电量自平衡，加快分布式智能电网广泛应用。与此同时，为适应分布式智能电网发展需要，配电网标准化、透明化、智慧化建设也将同步推进。

4 绿色环境价值将进一步凸显

2022 年，国家发展改革委、国家统计局、国家能源局联合印发的《关于进一步做好新增可再生能源消费不纳入能源消费总量控制有关工作的通知》（发改运行〔2022〕1258 号），明确绿证作为可再生能源电力消费量认定的基本凭证，各省级行政区域可再生能源消费量以本省（区、市）各类型电力用户持有的当年度绿证作为相关核算工作的基准，企业可再生能源消费量以本企业持有的当年度绿证作为相关核算工作的基准，进一步链接绿证与能耗双控市场。同年，发改办能源〔2022〕680 号文也提出，从 2022 年起，逐步建立以绿证计量可再生能源消纳量的相关制度，引导可再生能源发电在全国范围内合理消纳利用，提高绿色电力消费水平，推动绿证机制得到落实。绿证作为核算可再生能源消费量、消纳量的基本凭证，将促进形成全国统一绿证体系，进一步激发绿证市场活力，推动建立健全新能源环境权益交易体系，光伏发电等新能源绿色环境价值将进一步凸显。

7 附录

Appendix

附录 1　2022 年光伏发电主要政策汇总

附表 1-1　2022 年光伏发电主要政策汇总

序号	文件名称	文号	发布日期	发布单位
1	关于印发《促进绿色消费实施方案》的通知	发改就业〔2022〕107 号	2022 年 1 月 18 日	国家发展改革委 工业和信息化部 住房和城乡建设部 商务部 市场监管总局 国管局 中直管理局
2	关于加快建设全国统一电力市场体系的指导意见	发改体改〔2022〕118 号	2022 年 1 月 18 日	国家发展改革委 国家能源局
3	关于印发《“十四五”现代能源体系规划》的通知	发改能源〔2022〕210 号	2022 年 1 月 29 日	国家发展改革委 国家能源局
4	关于印发《“十四五”新型储能发展实施方案》的通知	发改能源〔2022〕209 号	2022 年 1 月 29 日	国家发展改革委 国家能源局
5	关于完善能源绿色低碳转型体制机制和政策措施的意见	发改能源〔2022〕206 号	2022 年 1 月 30 日	国家发展改革委 国家能源局
6	关于加快推进电力现货市场建设工作的通知	发改办体改〔2022〕129 号	2022 年 2 月 21 日	国家发展改革委 国家能源局
7	关于 2022 年新建风电、光伏发电项目延续平价上网政策的函		2022 年 4 月 8 日	国家发展改革委
8	关于印发《国家能源局 2022 年深化“放管服”改革优化营商环境重点任务分工方案》的通知	国能综通法改〔2022〕45 号	2022 年 5 月 6 日	国家能源局
9	转发国家发展改革委、国家能源局《关于促进新时代新能源高质量发展实施方案》的通知	国办函〔2022〕39 号	2022 年 5 月 14 日	国务院办公厅
10	支持绿色发展税费优惠政策指引		2022 年 5 月 31 日	国家税务总局
11	关于印发《“十四五”可再生能源发展规划》的通知	发改能源〔2021〕1445 号	2021 年 10 月 21 日	国家发展改革委 国家能源局 财政部 自然资源部 生态环境部 住房城乡建设部 农业农村部 中国气象局 国家林业和草原局

续表

序号	文件名称	文号	发布日期	发布单位
12	关于 2022 年可再生能源电力消纳责任权重及有关事项的通知	发改办能源〔2022〕680 号	2022 年 7 月 29 日	国家发展改革委 国家能源局
13	关于进一步做好新增可再生能源消费不纳入能源消费总量控制有关工作的通知	发改运行〔2022〕1258 号	2022 年 8 月 15 日	国家发展改革委 国家统计局 国家能源局
14	关于组织开展可再生能源发电项目建档立卡有关工作的通知		2022 年 8 月 19 日	国家能源局
15	关于促进光伏产业链供应链协同发展的通知	工信厅联电子函〔2022〕205 号	2022 年 8 月 24 日	工业和信息化部 市场监管总局 国家能源局
16	关于印发《加快电力装备绿色低碳创新发展行动计划》的通知	工信部联重装〔2022〕105 号	2022 年 8 月 24 日	工业和信息化部 财政部 商务部 国务院国资委 国家市场监督管理总局
17	关于促进光伏产业链健康发展有关事项的通知	发改办运行〔2022〕788 号	2022 年 9 月 13 日	国家发展改革委 国家能源局
18	关于开展第三批智能光伏试点示范活动的通知	工信厅联电子函〔2022〕295 号	2022 年 11 月 8 日	工业和信息化部 住房和城乡建设部 交通运输部 农业农村部 国家能源局
19	关于积极推动新能源发电项目应并尽并、能并早并有关工作的通知		2022 年 11 月 25 日	国家能源局
20	关于印发《光伏电站开发建设管理办法》的通知	国能发新能规〔2022〕104 号	2022 年 11 月 30 日	国家能源局

附录 2　光伏十年回顾

2013 年，为壮大国内光伏发电市场，形成有利于产业持续健康发展的法规、政策、标准体系和市场环境，国务院发布《关于促进光伏产业健康发展的若干意见》(国发〔2013〕24 号)。此后，国家能源局、国家发展改革委、财政部、工业和信息化部、住房和城乡建设部、国家税务总局、银保监会、国土资源部、国家林业局等机构先后出台了近百项支持和规范光伏发电行业发展的政策性文件，覆盖范围涵盖产业制造、市场应用、财税、价格、补贴、土地管理等产业发展的各个相关方面，营造了有利于产业发展的政策环境。与此同时，各地方政府也积极支持光伏发电产业及市场发展，纷纷出台相关支持性政策。

十年间，在一系列利好政策推动下，中国光伏发电取得跃升式发展，政策机制不断完善，装机规模快速扩大，技术不断进步，产业快速升级，市场竞争力显著提高，光伏发电已发展成为我国少有的获得全球竞争优势并实现端到端安全可控，有望率先成为高质量发展典范的新兴产业。

1 政策法规

- 项目管理体系，经历了规模化发展（2013—2018 年）、全国统一竞价（2019—2020 年）和平价上网（2021—2022 年）三个阶段。
- 行业管理体系，经历了市场环境监测评价（2017—2020 年）和按月调度（2021—2022 年）两个阶段。
- 价格管理体系，经历了标杆电价（2013—2018 年）、竞价（指导价）（2019—2020 年）、平价（2021—2022 年）三个阶段。

附图 2-1　行业管理体系变化情况

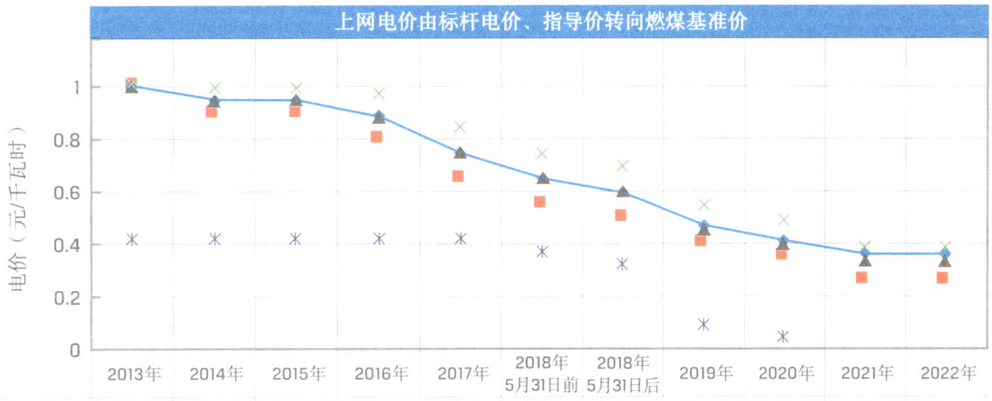

	2013年	2014年	2015年	2016年	2017年	2018年5月31日前	2018年5月31日后	2019年	2020年	2021年	2022年
平均趋势线	1	0.95	0.95	0.89	0.75	0.65	0.6	0.47	0.41	0.36	0.36
Ⅰ类区	1	0.9	0.9	0.8	0.65	0.55	0.5	0.4	0.35	0.2656	0.2656
Ⅱ类区	1	0.95	0.95	0.88	0.75	0.65	0.6	0.45	0.4	0.338	0.338
Ⅲ类区	1	1	1	0.98	0.85	0.75	0.7	0.55	0.49	0.3962	0.3962
分布式光伏度电补贴	0.42	0.42	0.42	0.42	0.42	0.37	0.32	0.1	0.05		

附图 2-2　上网电价变化情况

2 建设运行

➢ 光伏发电累计装机 3.92 亿千瓦，为国内第三大电源，装机规模达到 2013 年的 22.5 倍。

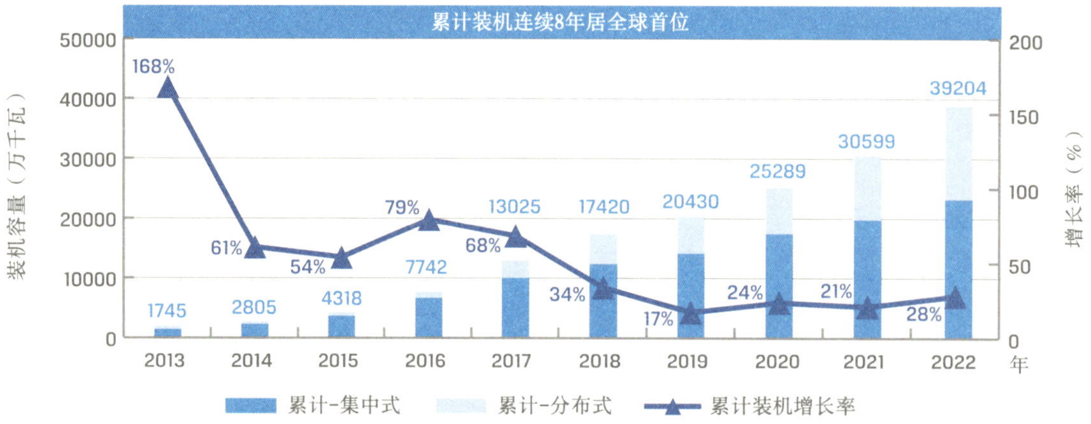

附图 2-3　2013—2022 年光伏发电累计装机情况

➢ 光伏发电年发电量达 4251 亿千瓦时，超过 4 个三峡电站年发电量。

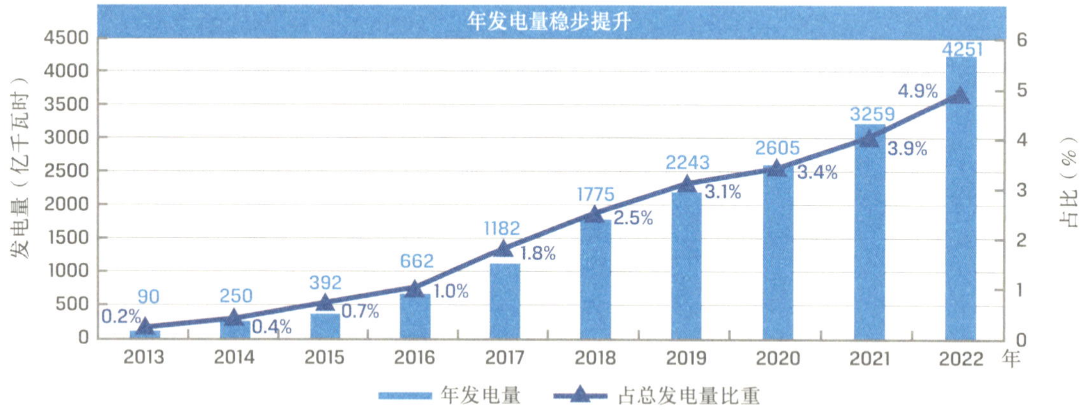

附图 2-4　2013—2022 年光伏发电量情况

➢ 自 2016 年起，光伏弃电现象得到有效遏制，趋势持续向好。

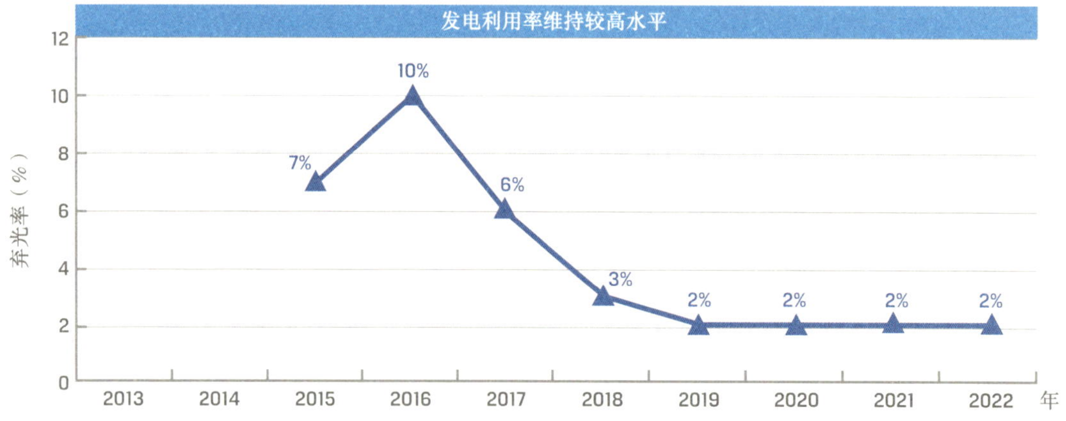

附图 2-5　2013—2022 年光伏弃光率情况

3 装备制造

➢ 光伏发电制造端实现翻倍增长，组件产量较 2013 年增长近 10 倍。

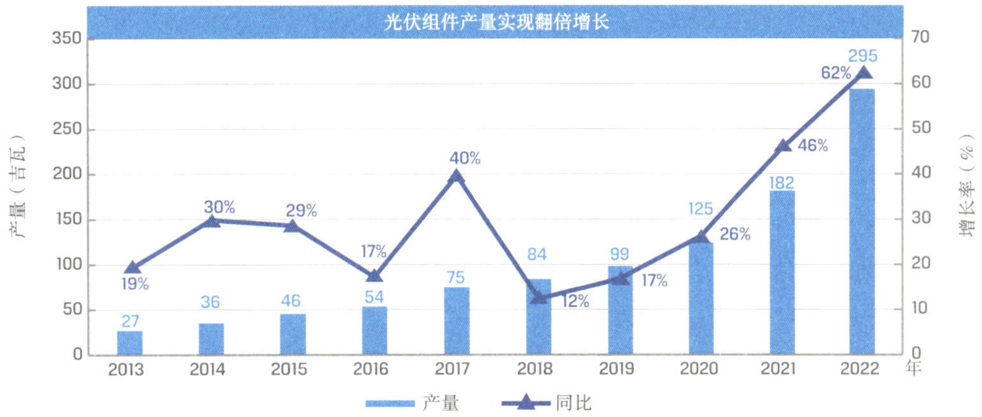

附图 2-6　2013—2022 年光伏组件产量比较

➢ 光伏产品出口总额达 512.5 亿美元，较 2013 年增长超过 300%。

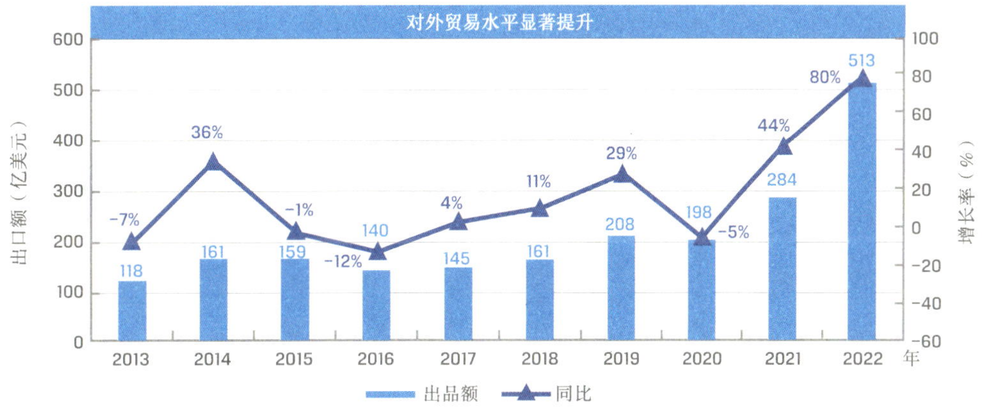

附图 2-7　2013—2022 年光伏产品出口情况比较

➢ 光伏发电经济性大幅提升，组件、光伏发电系统每瓦造价较 2013 年均下降超过 50%。

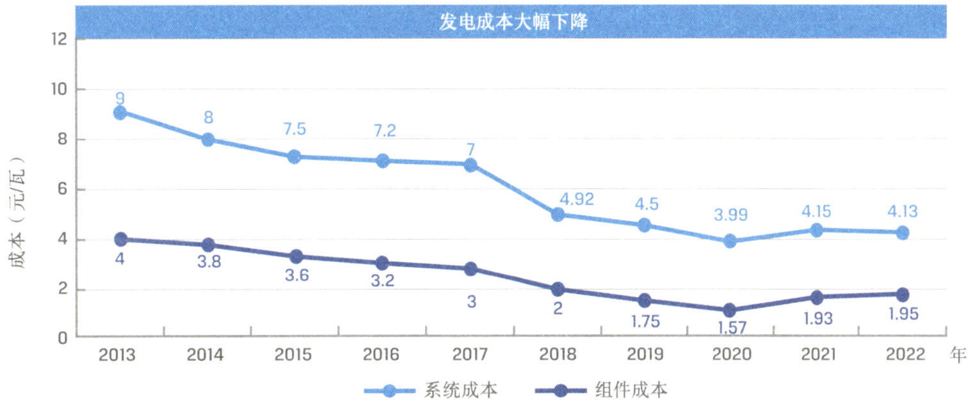

附图 2-8　2013—2022 年光伏发电成本比较

如无特别注明，本报告各项中国统计数据不包括香港特别行政区、澳门特别行政区和台湾省的数据。部分数据因四舍五入的原因，存在总计与分项合计不等的情况。

本报告部分数据及图片引自国际可再生能源机构（International Renewable Energy Agency）、国际能源署（International Energy Agency）、中国光伏行业协会、国家电力投资集团有限公司、中国气象局等单位发布或提供的资料，在此一并声明并致谢！